ERLANGEN!

Hightech und Lebenslust in der Metropolregion Nürnberg

KURT FUCHS

ERLANGEN!

Hightech und Lebenslust in der Metropolregion Nürnberg

VERLAG
KURT
FUCHS

DIE STADT: Erlangen lebt!	6
Interview mit OB Dr. Florian Janik	38
KULTUR & SPORT: Erlangen zeigt Vielfalt!	40
KERWA & BIER: Erlangen ist ausgelassen!	66
Interview mit Staatsminister Joachim Herrmann	84
UNIVERSITÄT & FORSCHUNG: Erlangen ist schlau!	86
MEDIZIN: Erlangen ist gesund!	104
WIRTSCHAFT: Erlangen ist erfolgreich!	116
METROPOLREGION: Erlangen ist mehr!	130
PARTNERSTÄDTE: Erlangen ist weltoffen!	152

IMPRESSUM

Herausgeber:
Kurt Fuchs
Verlag Kurt Fuchs, Am Weichselgarten 23, 91058 Erlangen
Telefon: (09131) 777740
www.fuchs-verlag.de

Idee, Konzept und Redaktion:
Kurt Fuchs
Fotografie:
Kurt Fuchs, www.fuchs-foto.de
Claudia Specht (Seite 143)
Dr. Arnold Herp (Seite 159 u.l.)
Thomas Richter (Seite 159 u.r.)
Buchdesign und Realisation:
Frank-Daniel Beilker, www.beilker.de
Übersetzung: Don Curtis
Druck: Druckerei Steinmeier

© Copyright 2014 Verlag Kurt Fuchs, Erlangen
Dieses Werk ist urheberrechtlich geschützt.

ISBN 978-3-9808623-2-5

VORWORT
FOREWORD

Hightech und Lebenslust

Geboren und aufgewachsen in der Erlanger Altstadt, fühle ich mich der Lebenslust, die zwischen Bierkellern und Schlossgarten, zwischen Burgberg und Tennenlohe regelmäßig zu spüren ist, besonders verbunden.

Zudem habe ich als Bildjournalist und Hightech-Fotograf ein Privileg: Mit meinen Kameras komme ich auch an Orte, die für die meisten Menschen verschlossen bleiben. Dank modernster Kameratechnik kann ich so Perspektiven und Lichteffekte festhalten, die vor einigen Jahren so noch nicht möglich gewesen wären.

Mit diesem Buch möchte ich Sie deshalb zu einem persönlichen Streifzug durch Erlangen einladen, durch eine Stadt, in der Hightech und Lebenslust eine einzigartige Symbiose eingehen und deshalb Menschen aus aller Welt gerne heimisch werden. Lassen Sie sich überraschen und entdecken Sie ganz neue Ansichten dieser Stadt im Herzen der Metropolregion Nürnberg.

Die einzelnen Kapitel werden eingeführt von Texten fachkundiger Autoren, die Erlangen auf besondere Weise verbunden sind. In der Stadt hat sich in den vergangenen Jahren seit meinem bisher letzten Bildband 2005 viel verändert. Das wird auch deutlich in den Interviews mit Erlangens Oberbürgermeister Dr. Florian Janik und dem Bayerischen Staatsminister des Innern Joachim Herrmann, denen ich für Ihre Mitwirkung besonders herzlich danke.

Ich wünsche Ihnen viel Vergnügen und neue Eindrücke beim Betrachten und Lesen.

Kurt Fuchs
Herausgeber und Fotograf

High-Tech and Love of Life

I was born and brought up in the old town Erlangen and feel that I'm especially bound to the love of life which can be sensed between the beer cellars, the Schlossgarten, the Burg hill and Tennenlohe.

Furthermore, as photo journalist and high-tech photographer I have a privilege: I can take my cameras to places which are closed for most people. Thanks to the modern camera technology I can capture perspectives and light effects which were impossible a few years ago.

With this book I invite you to a personal ramble through Erlangen, a city where high-tech and love of life have a unique symbiosis and where people from all over the world feel at home. Let yourself be surprised and discover a totally new view of the city at the heart of the Metropolitan Region of Nuremberg.

The individual chapters are introduced with the text of expert authors who are especially connected with Erlangen. In addition, since my last illustrated book in 2005, the city has undergone many changes. This is emphasised by interviews with the mayor of Erlangen Dr. Florian Janik, and the Bavarian State Minister of the Interior Joachim Herrmann both of whom I sincerely thank for their contribution.

I wish you much enjoyment and new impressions by viewing and reading.

Kurt Fuchs
Publisher and photographer

Erlangen lebt!

Es gibt eine Anekdote zu Erlangen. Ein Student befand sich einst am Neustädter Kirchplatz und fragte einen Passanten nach der Innenstadt. Der verwies ihn darauf, dass er sich genau dort befinde. Keine Hochhäuser? Dörflicher Charakter? Großstadt? Die stellen sich viele sicher anders vor.

Aber es ist richtig. 1002 erstmals erwähnt, entwickelte sich die Stadt an der Regnitz zu dem, was sie heute ist. Die kleinste Großstadt Deutschlands mit im Jahre 2014 knapp 107 000 Einwohnern. Für diesen Status hatten die Stadtoberen aber auch kämpfen müssen. Erst mit der Gebietsreform 1972 erlangte die kreisfreie Stadt die Zahl der benötigten Bürger, um Großstadt zu werden. Vor der Gebietsreform 1972 gehörten alle Ortsteile außer Großdechsendorf zum ehemaligen Landkreis Erlangen.

Doch wieviel Großstadt steckt in der immer noch wachsenden Stadt, die durch ihre Neustadt geprägt ist. Dort befinden sich nämlich die Sehenswürdigkeiten, die den Charakter der Stadt und die Geschichte Erlangens widerspiegeln.

Erlangen is living!

An Erlangen anecdote: A student standing on the Neustädter Kirchplatz asked a passer-by the way to the city centre. The answer given was: ‚You‘re there‘. No skyscrapers? Village character? City? Almost certainly another answer was expected.

But, the answer was correct. First mentioned in 1002 A.D., the city on the Regnitz river has developed to its current status. The smallest city in Germany has in 2014 a population of almost 107 000. The city fathers had to struggle for this status. First with the zone reform in 1972 could the municipality of Erlangen obtain the population to achieve the city status. Before the 1972 zone reform all the city suburbs except Großdechsendorf were part of the former Erlangen rural district.

How much city is present in the ever growing municipality which is still influenced by the Neustadt quarter? One finds here the places of interest which mirror the character of the city and the history of Erlangen.

DIE STADT
THE CITY

Dort finden sich die Hinweise auf die Entwicklung zur Stadt, die letztlich dem Sonnenkönig Ludwig XIV. zu verdanken ist. Der hob am 18. Oktober 1685 das Edikt von Nantes auf. Die Tolerierung der reformierten Kirche in Frankreich fand ein unrühmliches Ende und 200 000 Gläubige flohen in die französischen Nachbarstaaten.

Erlangens damaliger Regent Markgraf Christian Ernst war einer von vielen evangelischen deutschen Fürsten, der diese französischen Glaubensflüchtlinge, die so genannten Hugenotten, aufnahm. Um die Flüchtlinge aufzunehmen, errichtete er südlich der Altstadt in den Jahren 1686/87 die Hugenottenstadt, die Neustadt. Es war eine reine Planstadt, die auf dem Reißbrett entworfen wurde und eine Umsetzung in die Realität fand. Eine kompakte, rechteckige Stadtanlage mit schachbrettartig angelegten Straßen und schnurgeraden Häuserfronten prägt seit dieser Zeit – bis heute – die Innenstadt Erlangens.

Zurück zur Frage der Großstadt: Es spielen viele Faktoren eine Rolle. Maßgeblich beteiligt ist neben der geschichtlichen Entwicklung die wirtschaftliche Entwicklung. So findet sich mit der Friedrich-Alexander-Universität eine Einrichtung, die ihresgleichen sucht. Kaum eine andere Universität in Deutschland bietet ein breiteres Spektrum an möglichen Studiengängen an.

The clues to the municipal development influenced by the Sun King Louis XIV can be found here. On 18th October 1685 he revoked the Edict of Nantes. The toleration of the reformed church in France found an inglorious end and 200 000 protestants had to flee to the neighbouring countries.

The then regent margrave Christian Ernst, was one of many evangelical German princes who assimilated these French religious refugees, the Huguenots. In order that the refugees could be accommodated he established the Huguenot town, the Neustadt, south of the old town in 1686/87. It was a pure planned town, conceived on a drawing board and built exactly to plan. A compact rectangular layout with a chequerboard street plan and absolutely straight house fronts, which has since then, through to this day, shaped the city centre of Erlangen.

Back to the city question: many factors play a roll here. The commercial development parallel to the historical development is relevant. The Friedrich-Alexander University is an institution which is difficult to equate to any other. Almost no other university in Germany offers such a broad spectrum of degree courses.

Es sind aber auch die Unternehmen vor Ort. Mit Siemens, Areva und den dazugehörenden Zulieferbetrieben besteht ein gefestigter Markt in der Region - mit allen Vor- und Nachteilen. Denn wenn der nach dem Zweiten Weltkrieg zugereiste Elektrokonzern hustet, hat die Stadt bereits Angst um eine Grippe. Aber man lebt zusammen und weiß, dass man aufeinander angewiesen ist. So ist eine der Sorgen, die die Stadt hat, eine typische Großstadtsorge, um beim Thema zu bleiben. Der Bestand an möglichen Flächen für weitere wirtschaftliche Ansiedlungen, dann aber auch für die Arbeitskräfte, die zwangsweise damit einhergehen, wird eng. Selbst die Areale der amerikanischen Streitkräfte, die nach 1945 das Bild der Stadt entscheidend mitprägten und nach deren Abzug in den 1990er Jahren als Freiflächen zur Verfügung standen, sind weitgehend verbraucht und damit bebaut.

Die Stadt wird dort in den nächsten Jahren nach Lösungen suchen müssen. Mit dem entstehenden Siemens-Campus wurde ein Schritt in diese Richtung getan, die nächsten Jahre werden zeigen, ob das ausreichend sein wird. Aber auch die Infrastruktur wird sich ändern müssen, großstädtischer werden müssen.

But, it's also the companies based here. The region has a stable market with Siemens, Areva and the associated component suppliers – with all the pros and cons. When the electrical corporation which moved to Erlangen after the 2nd world war coughed, the city was afraid it would catch a flu. But, everyone lives together and knows that they are dependent on each other. One of the worries that municipality has is a typical city worry. The amount of available space for further commercial expansion and the associated necessary labour force is running out. Even the area used by the American forces which had influenced the image of the municipality since 1945 and was given up after their withdrawal in the 1990s, is almost completely used and rebuilt.

The city needs to seek for solutions there within the next few years. A step in this direction is the Siemens Campus development which will show within the next few years if enough is being done. The infrastructure also needs to be changed and made more city-like.

DIE STADT
THE CITY

Von 1886 bis 1963 fuhr eine Art Straßenbahn, die Sekundärbahn – von den Erlangern liebevoll als Seekuh tituliert – aus dem östlichen Landkreis von Gräfenberg in die Stadt Erlangen; heute diskutieren der Stadtrat und die umliegenden Gemeinden über die die Stadt-Umland-Bahn (StUB), die für eine Entlastung des Verkehrs in der Stadt sorgen soll. Nötig, immerhin drei Viertel der über 100 000 Arbeitsplätze in Erlangen werden nicht von in Erlangen Wohnenden besetzt, sondern von Menschen aus den umliegenden Gemeinden. Diese pendeln täglich morgens in die Stadt hinein und abends wieder aus ihr heraus.

Es sind noch verträgliche Fahrzeiten, immerhin liegt die Stadt günstig im Dreieck der Autobahnen A3 und A73, sowie dem Verkehrsknotenpunkt Kreuz Erlangen/Fürth. Doch der Verkehr wird dichter und die Stadt entwickelt sich weiter. Zumal die Stadtoberen, egal welcher parteipolitischen Ausrichtung, die Zahl der Bewohner halten möchten. Man will Großstadt bleiben.

Daher gibt es auch ein breites Angebot an schulischer Ausbildung. Von den Regelschulen bis hin zu speziellen Ausbildungsgängen kann der Lernwillige in der Stadt wählen. Sonderschulformen ermöglichen die beste Unterstützung für alle Menschen. Im Übrigen ein weiteres Merkmal der Großstadt Erlangen. Denn was sich in Amerika unter dem Begriff „Melting Pot" – Schmelztiegel - einen Namen gemacht hat, findet sich in Erlangen ebenfalls wieder. Mit der Losung „Offen aus Tradition" signalisiert man die Einstellung, die bereits den Hugenotten vor gut 330 Jahren entgegengekommen ist.

Aus fast 150 Nationen leben und arbeiten die Menschen in Erlangen. Fast 15 Prozent Ausländeranteil ist ein Signal nach außen, dass das Miteinander funktioniert. Nicht nur im passiven, auch im aktiven Bereich. Die vielen Vereine und Organisationen leben davon, dass sich auch die „Zugereisten" in und für die Stadt engagieren. Integration statt Ausgrenzung wird nicht nur gesagt, es wird gelebt. Das Ehrenamt trägt diese Idee mit. Das fängt beim Sport an, hört bei den vielen Ortsteilkerwas noch lange nicht auf und endet sicher auch nicht bei den ehrenamtlichen Rettungseinheiten wie Feuerwehr und Sanitätsdiensten.

Großstadt? Irgendwie schon, aber auch irgendwie nicht. Erlangen ist kein Dorf, aber mit Sicherheit keine Großstadt wie sich die meisten Menschen solch eine vorstellen. Denn Erlangen hat eines, das bei den echten Großstädten viel zu oft fehlt: Erlangen hat Charakter, Erlangen lebt. Das dank seiner Menschen, die Erlangen zu einer besonderen Großstadt machen. Eine englische Weisheit sagt: „Die Menschen, nicht die Häuser, machen die Stadt." Das haben die Erlanger und alle Besucher verstanden.

Michael Busch

A secondary railway – by the local population affectionately nicknamed the "sea cow" – ran from 1886 to 1963 from Gräfenberg in the eastern county to Erlangen centre; currently the city council and the surrounding rural councils are discussing the possibility of a city and environs railway to relieve the traffic situation within the city. It is needed because three quarters of the more than 100 000 jobs in Erlangen are occupied by people who live in the surrounding communities rather than in Erlangen itself. They commute daily mornings into the city and then evenings out again.

The travelling times are currently acceptable, the city lies after all near the Erlangen/Fürth junction of the motorways A3 and A73. However the traffic is increasing and the city is developing further. Above all the city fathers, regardless of their political associations, want to maintain the current population level. One wishes to remain a city.

There is therefore a broad offering of tertiary education. Those who are eager to learn can choose from the classes offered by regular schools through to special training courses. Every type of person is catered for by special schools. And yet another feature of the city Erlangen. Then what the Americans term a "melting pot" is exactly that what Erlangen is. With the solution "traditionally open" one signals the attitude which the Huguenots experienced 330 years ago.

People from almost 150 nations live and work in Erlangen. A signal to others is that with a foreign population of almost 15 percent cooperation works. Not only passive areas but also in active areas. The large number of clubs and other organisations also live from the engagement of the newcomers for the city. Integration instead of ostracism is not only spoken, it is lived. This idea is also part of voluntary participation. It begins with sport and doesn't end with either the many suburban church fêtes or with the voluntary rescue services such as the fire brigades and ambulance services.

City? Somehow yes, and then no. Erlangen isn't a village, but then it's not what most people would understand as a city. Then, Erlangen has something which "real cities" often don't have: Erlangen has character, Erlangen lives. And, that is due to its people who are the ones who make Erlangen such a special city. An English piece of wisdom is: "The people, not the houses, are what make a city." The population of Erlangen and its visitors have understood that.

Michael Busch

ERLANGEN

RÖTHELHEIMPARK

Bei dem „neuen" Stadtteil **Röthelheimpark**, der überwiegend auf dem ehemaligen Areal der US-Streitkräfte entstanden ist, zeigt sich die strenge „hugenottische" Bauweise wieder.

*On the "new" city quarter **Röthelheimpark**, which is built on the former site of the US armed forces, the austere Huguenot style has reappeared.*

DIE STADT | *THE CITY*

BÜCHENBACH

Um dem Zuzug gerecht zu werden, muss gebaut werden. In den neun Ortsteilen gibt es noch freie Flächen. Dennoch bleiben die typischen „Dorfbauweisen" wie hier in **Büchenbach** erhalten. Es ist ein Haufendorf.

*To cope with the population influx, accommodation must be built. Some empty areas remain in the new urban districts. Some typical village architecture remains, such as the scattered village **Büchenbach**.*

Erlangen ist international. Bereits im Mittelalter an der Goldenen Straße von Luxemburg nach Prag gelegen, sind es heute die **Autobahnen A3 und A73**, die **Bahnverbindung München – Berlin**, der **Flughafen Nürnberg** und der **Main-Donau-Kanal**, die Erlangen mit Europa vernetzen.

*Erlangen is and was international. In the Middle Ages it lay on the golden road from Luxembourg to Prague, today Erlangen is networked with Europe via the **motorways A3 and A73**, the **Munich-Berlin railway line**, the **Nuremberg airport** and the **Main-Danube canal**.*

DIE STADT | *THE CITY* | **17**

VERKEHR
TRAFFIC

WINTER IM WIESENGRUND
WINTER IN WIESENGRUND

Überraschender Kontrast: Nicht die großen Unternehmen dominieren das Stadtbild. Erlangen bewahrt sich seine Erholungsorte. Der **Wiesengrund**, der die Stadt durchzieht, überrascht mit „Natur pur". Ein besonderer Reiz ist der Spaziergang durch die verschneite Winterlandschaft.

*Unexpected contrast: the large concerns do not dominate the city's image. Erlangen retains its recreation areas. The **Wiesengrund** cuts through the city with a surprising "nature pure". A special enchantment is a walk through the snowy winter landscape.*

Im **Schlossgarten** begegnet einem auf Schritt und Tritt **Friedrich Rückert** (1788 - 1866), der deutsche Dichter, Übersetzer und Mitbegründer der deutschen Orientalistik. An seinem Denkmal lädt ein Stuhl ein, zusammen mit Rückert die Natur des Schlossgartens, den Blick auf die **Orangerie** sowie die ungezählten Pflanzen zu genießen.

One shadows **Friedrich Rückert** (1788 – 1866), the German poet, translator and joint founder of the German orientalism in the Schlossgarten. His memorial offers a place to sit and contemplate and enjoy with him the Schlossgarten nature, the view of the **Orangerie** and the many plants.

SCHOSSGARTEN
SCHLOSSGARTEN

Orangerie

BOTANIK
BOTANIC

Walderlebniszentrum

In der Südwestecke des **Botanischen Gartens** der Universität befindet sich die Nachbildung einer Dolomit-Tropfsteinhöhle der Frankenalb: die **Neischl-Höhle**. Die ist ebenso ein Besuch wert, wie die dortigen **Gewächshäuser**, oder auch das **Walderlebniszentrum** in Tennenlohe.

*The **Neischl-Höhle** is located in the south-west corner of the university's **botanical gardens**: it's a replica of a dolomite cave with stalactites in the Franconian Jura. The nearby **conservatory** is also worth a visit, or the **forest adventure centre** in Tennenlohe.*

Typisch Großstadt: Erlangen bietet Einkaufsmöglichkeiten von den großen Einkaufszentren bis hian zum kleinen Fachhandel. Aber nicht nur die **Fußgängerzone** lädt zum „Shoppen" ein, in den **Seitenstraßen** locken weitere Geschäfte und natürlich Cafés und Restaurants. Und auch in den neuen Stadtteilen ist die Rund-um-Versorgung gewährleistet.

*Typical city: Erlangen offers shopping possibilities ranging from large shopping centres to small speciality shops. Shopping is pleasant not only the **traffic-free zones**, but also in the **side streets** shops and of course Cafés and Restaurants. Also in the new city quarters daily shopping needs are catered for.*

DIE STADT | *THE CITY* | 25

Theaterstraße

EINKAUFSSTADT
THE CITY

Hugenottenplatz

George-Marshall-Platz

SCHLOSSPLATZ & MARKTPLATZ
SCHLOSSPLATZ & MARKET PLACE

Eindrucksvoller Mittelpunkt Erlangens ist und bleibt der **Schlossplatz**. Im ehemaligen markgräflichen **Schloss** ist die Leitung der Friedrich-Alexander-Universität untergebracht. Auf dem Platz herrscht selten Ruhe. Ein künstlicher Strand, Frühlings- und Weihnachtsmarkt sowie der vis-à-vis zum Schlossplatz liegende **Marktplatz** mit seinen Marktständen laden zum Verweilen ein.

The **Schlossplatz** is and will remain the imposing centre of Erlangen. The administration of the Friedrich-Alexander-Universität is located in the former margrave **Palace**. It is not often quiet on this square. An artificial beach, Spring and Christmas markets as well as the **market place** with its stalls which lies vis-à-vis on the Schlossplatz offer possibilities to linger and relax.

Modernes Gegenstück zum Schlossplatz ist das Einkaufszentrum **„Erlangen Arcaden"**. Diese wurden unter großen Schwierigkeiten und langen Diskussionen im Jahr 2007 in zentraler Stadtlage errichtet. Heute sind sie als beliebter (Einkaufs-) Treffpunkt und Veranstaltungsort nicht mehr wegzudenken.

*The shopping centre **"Erlangen Arcaden"** is a modern contrast to the Schlossplatz. It was erected in 2007 in the city centre after many difficulties and long discussions. Today it is accepted as a favourite meeting place for shopping and venue.*

ERLANGEN ARCADEN
ERLANGEN ARCARDEN

KIRCHEN
CHURCHES

Die beiden großen **Kirchen** sind in der Stadt immer präsent. Natürlich durch die Kirchbauten, aber auch die zelebrierten Feiertage, wie bei den Katholiken der **Fronleichnamsumzug**, der für einen Gottesdienst im Freien am **Lorlebergplatz** pausiert. Immer wieder gibt es Konzerte in den sakralen Bauten, wie das Mysterienspiel der Hildegard von Bingen in der protestantischen **Neustädter Kirche**.

*The city has two large ever present **churches**. Predominantly due to the church buildings, but also due to the commemorative feast days, such as the catholic **Corpus Christi procession**, including an open-air service on the **Lorlebergplatz**. Many performances are given in the ecclesiastical buildings, such as the mystery play of Hildegard von Bingen in the protestant **Neustädter church**.*

Die Faschingsvereine **Gaßhenker** und **Narrlangia** sorgen mit ihrem närrischen Treiben für Farbe in der Stadt. Es sind zwei von vielen Vereinen, die aktiv sind. Doch im Sinne des Stadtmottos „Offen aus Tradition" sorgen die Menschen aus fast 150 Nationen mit ihren **traditionellen Festen**, wie in der **Blauen Moschee**, für Abwechslung.

The carnival clubs **Gaßhenker** and **Narrlangia** with their foolish goings-on bring colour into the city. They are two of the many active clubs. In the sense of the city motto "traditionally open", the population from almost 150 nations with their **traditional festivals**, as in the **Blue Mosque**, contribute to the variety.

Gaßhenker

Narrlangia

DIE STADT | *THE CITY* | 33

VEREINE
CLUBS

OFFEN AUS TRADITION
TRADITIONALLY OPEN

FIS

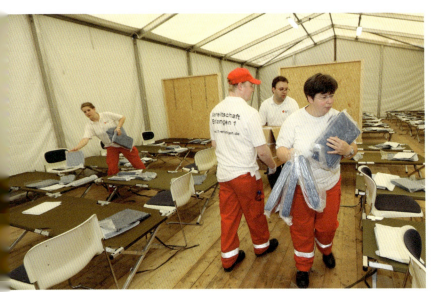

Bürgerstiftung

„Offen aus Tradition" funktioniert nur, weil bereits die Jüngsten in diese Netzwerke aufgenommen werden. Die **Bürgerstiftung Erlangen** ist in diesem Bereich ebenso aktiv wie die **Franconian International School (FIS)**. Die ehrenamtliche Tätigkeit umfasst Benefizveranstaltungen, wie die **„Lange Tafel"** ebenso wie die direkte humanitäre Hilfe bei der Aufnahme von Flüchtlingen aus aller Welt.

*"Traditionally open" works only because the youth are assimilated into this network. The **Erlangen citizen's trust** is active in this area, as is the **Franconian International School (FIS)**. The voluntary activities include refugee integration activities such as the **"Lange Tafel"**, as well as humanitarian help for the assimilation of refugees from all over the world.*

Eng zusammen arbeiten die Rettungskräfte in der Stadt. Gemeinsam wird zum Beispiel bei der **Großübung „Edelweiß"** trainiert. Die **Feuerwehr** mit gut 400 ehrenamtlichen Aktiven neben einer ständigen Wache, das **Bayerische Rote Kreuz**, **ASB**, **Johanniter**, **Malteser**, das **Technische Hilfswerk** sorgen für Sicherheit in Erlangen 24 Stunden am Tag, 365 Tage im Jahr.

The city's emergency services work closely together. They all took part in the combined exercise "Edelweiß". The fire brigade with a permanent staff and about 400 active volunteers, with the ambulance services (**Bavarian Red Cross**, **ASB**, **St. Johns** and **Malteser**) and the **Technische Hilfswerk** provide non-stop 24 hour emergency help in Erlangen.

GROSSÜBUNG EDELWEISS
COMBINED EXERCISE EDELWEISS

INTERVIEW MIT OBERBÜRGERMEISTER
DR. FLORIAN JANIK
INTERVIEW WITH THE MAYOR
DR. FLORIAN JANIK

Erlangen – Hightech und Lebenslust: Was macht für Sie als geborener Erlanger Ihre Heimatstadt denn so lebens- und liebenswürdig?
Dr. Florian Janik: Erlangen ist eine kleine Großstadt, überschaubar mit viel Grün und einer hohen Lebensqualität. Das Miteinander von fränkischer Tradition mit ihren Festen und der durch die Universität und durch Siemens geprägten kulturellen Vielfalt macht es so schön, hier zu leben.

Warum braucht es diese Lebenslust, damit sich in einer Stadt auch Hightech entwickeln kann?
Janik: Die Lebenslust braucht es, weil wir unser Stadtmotto „Offen aus Tradition" wirklich leben müssen. Sie ist der beste Weg die Menschen zu integrieren, die aus den unterschiedlichsten Gründen zu uns kommen – sei es, weil sie hier studieren, weil sie hier arbeiten oder weil sie hier Hilfe suchen. Und Offenheit ist letztlich die Basis für Innovation.

Welchen Herausforderungen müssen sich Sie und die Stadt Erlangen stellen, damit die gute wirtschaftliche Entwicklung weitergehen kann?
Janik: Die wirtschaftliche Entwicklung Erlangens ist sehr gut. Aber unsere Infrastruktur hat damit nicht Schritt gehalten.

Erlangen – high-tech and the joy of living: as someone born in Erlangen, what does the dignified and amicable life of your home city mean for you?
Dr. Florian Janik: Erlangen is a small city, manageable, with many green areas and a high quality of life. The amiable togetherness in Erlangen influenced by Franconian tradition with their festivals and through the cultural diversity influenced by the university and Siemens makes it so wonderful to live here.

Why is this joy of living needed, in order that high-tech can evolve in such a city?
Janik: The joy of living is needed because, we must practise our city motto "traditionally open" in daily life. It is the best way to integrate the people who come to us for what ever reason – regardless of whether they come here to study, or to work, or because they need help. And the basis of innovation is ultimately, openness.

What are the challenges facing you and the city of Erlangen, in order that this economic development can continue?
Janik: The economic development of Erlangen is very good. But, our infrastructure has not been developed at the same pace, especially the public transport system.

Schöner als der Anstich: OB Florian Janik dirigiert Lili Marleen am letzten Abend der Bergkirchweih.

Better than the broaching: Bergkirchweih last evening: the mayor Florian Janik conducting Lili Marlene.

„Die Erlanger wollen mitgestalten": Der Oberbürgermeister bei einer Diskussion im Jugendparlament.

"The people of Erlangen want to contribute": the mayor discussing in the youth parliament.

Das Stadtmotto „Offen aus Tradition" mit Leben zu füllen, ist der beste Weg, um Menschen zu integrieren: OB Florian Janik erläutert das städtische Hilfskonzept zur Unterbringung von Flüchtlingen.

Living the city motto "traditionally open" is the best way to integrate people: mayor Florian Janik explains the city's concept to help accommodate refugees.

Ehrung für den Amtsvorgänger: OB Florian Janik bei der Verleihung der Ehrenbürgerwürde an Alt-OB Siegfried Balleis (m.). Der ehemalige bayerische Ministerpräsident Edmund Stoiber hielt die Laudatio.

A tribute for the mayoral predecessor: mayor Florian Janik at the awarding of the honorary citizenship to ex-mayor Siegfried Balleis (m.). The ex- Bavarian Premier Edmund Stoiber gave the honorary speech.

Die Stadt-Umland-Bahn ist für mich deshalb eine Frage der wirtschaftlichen Entwicklung, aber auch der Lebensqualität. Denn sie wird dazu beitragen, dass die Belastungen durch den Autoverkehr abnehmen werden. In Erlangen gibt es faktisch kaum noch Wohnraum – das ist die Schattenseite des Erfolgs. Wir müssen, wieder die Möglichkeit schaffen, dass die Menschen in der Stadt leben und sich es auch leisten können. Mit dem Siemens-Campus haben wir die Chance, zwei Stadtbereiche noch einmal ganz neu gestalten zu können: den Campus selbst im Stadtsüden, aber auch den Innenstadtbereich, wo heute Siemens und die Universität angesiedelt sind.

Und welche Weichenstellungen sind wichtig, damit alle Erlanger an dieser Entwicklung teilhaben können?
Janik: Die Erlanger wollen sich einbringen, wollen mitgestalten. Wir müssen Möglichkeiten schaffen, dass auch die Menschen mitreden können, die das vielleicht nicht so von Hause aus gewohnt sind. Und mit dem Erlangen-Pass möchte ich es auch Leuten ermöglichen, die vom wirtschaftlichen Aufschwung nicht so sehr profitieren, an unserem reichen kulturellen und sozialen Leben teilzuhaben.

Sie sind in Erlangen quasi mit der Bergkirchweih aufgewachsen. Welches Gefühl hatten Sie, als Sie das erste Mal ganz oben auf dem Keller standen, um nun das Fest zu eröffnen?
Janik: Es war ein wunderschöner Moment. Aber ich muss gestehen, noch viel schöner als der Anstich ist der letzte Abend am Berg gewesen – das Fass-Beerdigen und das Dirigieren von Lili-Marleen vor den vielen Menschen. Das hat mich noch mehr berührt.

Interview führte Michael Reiner

The city and environs train is for me a question of the economic development and the quality of life. Then it will contribute to the reduction of contamination due to car traffic. In Erlangen there is factually almost no more living space – that is the downside of success. We must create the possibility for people to be able to once again live in the city at an affordable price. With the Siemens-Campus we have the chance to completely reform two city areas: the Campus itself in the southern part of the city and also the inner city area where Siemens and the university are currently located and will then be freed up.

And which influences are needed in order that the people of Erlangen can take part in this development?
Janik: The people of Erlangen want to play a part, they want to contribute. We need to provide possibilities such that the people can join in the discussion despite being maybe not used to doing so. And with the Erlangen Pass I want to enable people who have not profited so much from the economic expansion, to take part in our rich cultural and social life. Only when everyone has a chance to participate, can one speak of a shared city community.

You have grown up in Erlangen virtually with the Bergkirchweih. What were your feelings as you stood for the first time on the beer-cellar to open the festival?
Janik: It was a wonderful moment. But, I must admit that even better than the tapping of the first beer cask, is the last evening of the festival – the burial of the beer cask and the conducting of "Lili Marleen" before a large audience. That had me more deeply moved.

Interview by Michael Reiner

KULTUR & SPORT
CULTURE & SPORT

Erlangen zeigt Vielfalt!

Immer, wenn im Sommer der Kulturbetrieb fast überall einen oder zwei Gänge zurückschaltet, Luft holt für die nächste Saison, dann füllt Erlangen die Feuilletons der Republik: Das Poetenfest naht, mit ihm beginnt der deutsche Bücherherbst. Im Schlossgarten stellen Autoren unter freiem Himmel ihre Neuerscheinungen vor, diskutieren mit dem Publikum. Eine ganze Stadt liest und lässt sich vorlesen. Seit 1980 ist der viertägige Literaturmarathon am letzten Wochenende im August einer der Höhepunkte im Erlanger Kulturkalender. Das Poetenfest prägt den Ruf Erlangens als Festivalstadt.

Auch der Internationale Comic-Salon und das Internationale Figurentheaterfestival, die jeweils alle zwei Jahre stattfinden, prägen den überregionalen Ruf Erlangens als Kulturstadt. Doch auch die Erlanger selbst identifizieren sich sehr mit ihren Festivals und strömen zu zehntausenden zu den Veranstaltungen. Sie gingen auf die Barrikaden, als das Figurentheaterfestival auf der Kippe stand, weil die Finanzierung nicht gesichert war. Es fanden sich dann doch Geldgeber – Festival und Kulturimage waren gerettet.

Ein buntes Kulturangebot macht die Stadt lebenswert. Ein wichtiger Standortfaktor, auch wenn es nur ein sogenannter weicher ist. Die Stadt leistet sich ein Stadttheater mit zwei Bühnen und eigenem Ensemble. Der gVe, der „Gemeinnützige Theater- und Konzertverein", sieht sich als älteste Bürgerinitiative Erlangens und holt hochkarätige Orchester in die Stadt. Spielstätte fürs Populäre sind das Fifty-Fifty, E-Werk, der Musikkeller Strohalm und die vielen Clubs. Ausstellungsflächen für bildende Kunst gibt's im Kunstpalais, im Kunstmuseum und im Kunstverein. Die Stadt- und Heimatgeschichte hat ihren Platz im Stadtmuseum und im kleinen „Amtshausschüpfla" in Frauenaurach.

Erlangen bewegt sich, Erlangen radelt. Erlangen hat Spaß. Auch Sport ist so ein weicher Standortfaktor – Spitzensport zumal. Ganz oben spielen die Erlanger Handballer des HC Erlangen mit, gefördert von der Karl-Heinz-Hiersemann-Gesellschaft. Diese hat es sich zur Aufgabe gemacht, Kontakte zwischen Sport, Kultur, Wirtschaft und Politik herzustellen. Fußball, Hockey und Triathlon, Kampfsport, Klettern und Schwimmen, Kegel, Tischtennis und Badminton: Das Angebot der Erlanger Sportvereine ist umfassend – für Breitensportler und für Leistungssportler. Und Letztere sorgen mit ihren guten Resultaten regelmäßig dafür, dass Erlangen auch in den Sportteilen der Medien gut vertreten ist.

Michael Reiner

Erlangen has variety!

When in summer, cultural life almost everywhere slows down and begins to prepare for the next season, Erlangen always fills the feature pages: they report in detail about the Poet's Festival and herald the beginning of the autumn Book Festivals in Germany. The poets present their newest works with open-air readings in the Schlossgarten and discuss them with the audience. The whole of city reads or listens to recitations. The literature marathon lasting four days at the end of August, is a highlight of the Erlangen culture calendar since 1980. It's why Erlangen has a reputation as a Festival city.

Two bi-annual international events: the Comic-Salon and the Puppetry Festival, support this image of the city. The population identify themselves with the festivals in their city and 10's of thousands stream to the performances. And, they protested heavily when due to lack of finance the Puppetry Festival hung in the balance. Sponsors were found – the festival and the cultural image were saved.

A colourful cultural offering makes worth living in the city. It is lauded as a location factor. The city has a theatre with two stages and its own company. The gVe, a theatrical and concert community club sees itself as one of Erlangen's oldest citizen's groups and brings top-class orchestras into the city. Locations for the cabaret and popular music are the theatre Fifty-Fifty, the E-Werk, the music cellar Strohalm and the many clubs. The Arts Palace, the Art Museum and the Art Club offer exhibition space for visual arts. The city museum and the small "Amtshausschüpfla" in Frauenaurach have exhibits of city and local history.

Erlangen moves, Erlangen bicycles. Erlangen is fit and has fun. Sport is also lauded as a location factor – especially top-class sport. Sponsored by the Karl-Heinz-Hiersemann society the HC Erlangen handball team play in the top league. The society makes it their business to create contacts between sport, culture, business and politics. Football, hockey, triathlon, rock-climbing and swimming, bowling, table-tennis and badminton: the range of Erlangen's sport clubs is broad – for athletes interested in popular sport and in competitive sport. The last mentioned regularly provide with their good results that Erlangen appears regularly in the media's sport sections.

Michael Reiner

Zu einem Rundgang durch die Stadtgeschichte von der späten Bronzezeit bis in die Gegenwart lädt das **Stadtmuseum** ein.

*A ramble throught the city's history from the late bronze age to the present day is possible in the **city museum**.*

KULTUR & SPORT | *CULTURE & SPORT*

POETENFEST
POETRY FESTIVAL

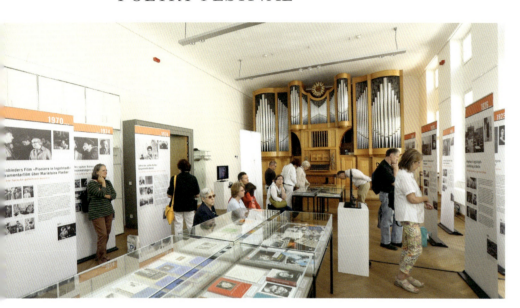

Eine Stadt lässt sich unter freiem Himmel vorlesen: Beim Literaturmarathon im **Schlossgarten** stellen Autoren aus ganz Deutschland ihre neuen Bücher vor. Bei den vielen Diskussionen, hier im **Wassersaal der Orangerie,** nutzt das Publikum die Möglichkeit, mit den Autoren ins Gespräch zu kommen. Außerdem gibt's Ausstellungen zu Kunst und Literatur und ein Programm für Kinder.

A city listens to an open-air reading. Authors from all over Germany present their new books during the literature marathon in the **Schlossgarten**. *During the many discussions, the audience have the chance to talk with the authors, for example in the* **Wassersaal of the Orangerie**. *Furthermore, there are exhibits of art and literature and a children's program.*

Höhepunkt des Comicsalons ist die Verleihung des Max- und Moritz-Preises, des wichtigsten Comic-Preises in Deutschland. Das Markgrafentheater, das älteste bespielbare Barocktheater Süddeutschlands, bietet dazu den festlichen Rahmen.

The highlight of the Comic-Salon is the award of the most import comic prize in Germany, the Max and Moritz prize. The Markgrafentheater with its festive decoration, is the oldest Baroque theatre in constant use in southern Germany.

COMIC-SALON
COMIC-SALON

Alle zwei Jahre wird Erlangen zum Nabel der Comic-Welt. Die Fans haben hier die Möglichkeit, auf Tuchfühlung mit ihren Stars zu gehen. Die Zeichner und Autoren aus der ganzen Welt schätzen den **Comic-Salon**. Es gibt Ausstellungen und bei der Messe im **Kongresszentrum** zeigen die Comic-Verlage ihre Programme.

Erlangen is bi-annually the centre of the comic world. The fans have the possibility to get close to their stars. The illustrators and authors from all over the world rate the **Comic-Salon** highly. There are exhibitions and the comic publishers display their products at the trade fair in the **congress centre**.

Das **Kunstmuseum** profiliert sich als Ausstellungsort für Kunst aus der Region. Im **Kunstverein** zeigen Künstler ihre Werke, im **Kunstpalais im Palais Stutterheim** hat zeitgenössische Kunst ihren Platz. Ein Ort mit besonderer Magie ist der **Figurengarten** am Burgberg mit Plastiken des Erlanger Bildhauers Heinrich Kirchner (1904-1984). Firmen wie **ERLAS** fördern Künstler durch Ausstellungen in ihren Geschäftsräumen und beleben damit die Szene.

*The **art museum** makes its mark by exhibiting regional art. Artists display their works in the **art club**, contemporary art is exhibited in the **art palace in the Stutterheim palace**. The **Figurengarten** on the Burg hill is an especially magical place with sculptures by the Erlangen sculptor Heinrich Kirchner (1904-1984). Artists are sponsored by companies such as **ERLAS** who hold exhibitions in their business premises and thereby stimulate the scene.*

Kunstverein

Kunstmuseum

Kunstpalais

Figurengarten

ERLAS

KULTUR & SPORT | *CULTURE & SPORT* | 51

AUSSTELLUNGEN
EXHIBITION

52 | KULTUR & SPORT | *CULTURE & SPORT*

SCHLOSSGARTENKONZERTE
SCHLOSSGARTEN CONCERTS

Musik unter Bäumen und zwischen Blumen; das Publikum sitzt auf dem Rasen: Die **Schlossgartenkonzerte** sind das große Umsonst-und-Draußen-Event im Erlanger Sommer. Studenten, Familien und Senioren, Einheimische und Touristen lassen sich in entspannter Atmosphäre von der Musik verschiedenster Stilrichtungen verzaubern.

*Music under the trees, between flowers and the audience sits on the grass: the **Schlossgarten concerts** are the large free-of-charge Erlangen summer open-air event. Students, families and elderly, locals and tourists let themselves be enchanted by various music styles in the relaxed atmosphere.*

Spielorte für klassische Konzerte, hier mit dem **Erlanger Kammerorchester,** sind der barocke **Redoutensaal,** der vor einigen Jahren renoviert wurde, oder **„Klassik am See"** am Ufer des **Dechsendorfer Weiher** – Hochkultur unter freiem Himmel. Kleinkünstler und Bands aus der Region finden im **E-Werk** und anderen Bühnen ihr Publikum.

*Classical concerts, here with the **Erlangen Chamber Orchestra**, are held in the baroque Redoutensaal, which was renovated a few years ago, or **"Klassik am See"** on the bank of the **Dechsendorfer pond** – open-air high-culture. Audiences in **E-Werk** and other intimate theatres enjoy cabaret artists and regional bands.*

E-Werk

Klassik am See

KULTUR & SPORT | *CULTURE & SPORT* | 55

MUSIK
MUSIC

THEATER
THEATRE

Spieglein, Spieglein an der Wand, wer ist der Beste im Land? Die **Bayerischen Theatertage**, die Leistungsschau der Theater im Freistaat, machten im **Spiegelzelt** in Erlangen Station. Das Ensemble des **Markgrafentheaters** lässt sich beim Theaterfest regelmäßig über die Schultern schauen – und spielt die Stücke der nächsten Spielzeit schon mal mit **Playmobilfiguren** vor.

Mirror, mirror on the wall, who is the best of them all? The **Bavarian theatre** days, the exhibition of theatre in the free state, are held in Erlangen in the **Spiegelzelt**. During the theatre festival the company of the **Markgrafentheater** regularly allow one to look over their shoulders – and plan the plays of the next season sometimes with **Playmobil figures**.

Wurf, Tor, Sieg. Der **Handballclub Erlangen** hat sich mit seinen großartigen Leistungen in die Herzen der Erlanger und im Jahr 2014 auch in die höchste Liga gespielt. Bei den Heimpartien verwandeln die Zuschauer die **Karl-Heinz-Hiersemann-Halle** regelmäßig in einen jubelnden Hexenkessel.

*Throw, goal, win. The Erlangen **handball club** had in 2014 with their magnificent achievements playing in the highest league, also played into the hearts of the population. By the home games the spectators turn the **Karl-Heinz-Hiersemann** hall into an exultant cauldron.*

KULTUR & SPORT | *CULTURE & SPORT* | 59

HANDBALL
HANDBALL

60 | KULTUR & SPORT | *CULTURE & SPORT*

BREITENSPORT
POPULAR SPORT

Erlangen und die Erlanger bewegen sich gerne. An den beiden Klettertürmen des **Alpenvereins** können die Sportler ganz hoch hinaus. Beim **Arkaden-Lauf** sind tausende Hobbysportler unterwegs und Veranstaltungen wie das Programm „Go Fit" machen Lust auf noch mehr Aktivität.

*Erlangen and its citizens both enjoy exercising. Sport people can climb to great heights on the rock climbing towers of the **alpine club**. Thousands of hobby runners take part in the **Arkaden race** and events such as the program "Go Fit" encourage more activity.*

Seit über hundert Jahren gibt es den **Ruderverein Erlangen**. Mit dem **Main-Donau-Kanal** haben die Aktiven eine attraktive Strecke direkt vor der Haustür. Vom Bootshaus und den Brücken haben die Zuschauer besten Blick auf die Regattastrecke. Der **Dechsendorfer Weiher** ist das Segelrevier der Stadt – und der Nachwuchs übt dort fleißig mit seinen kleinen Booten.

The **Erlangen Rowing Club** is over a hundred years old. With the **Main-Danube canal**, the active members have an attractive water near to home. The spectators have the best view of the regatta course from the boat house and the bridges. The **Dechsendorfer** pond is the sailing area of the city – and the new blood diligently train there with their little boats.

KULTUR & SPORT | *CULTURE & SPORT* | 63

WASSERSPORT
WATER SPORT

TRIATHLON
TRIATHLON

Schwimmen, Radfahren. Laufen: Der **Erlanger Triathlon** des **TV 48** mit seinem Schwimmstart an der Dechsendorfer Brücke, der Radrunde im Nordwesten des Erlanger Landkreises und der Laufstrecke durch den Wald der Mönau gilt bei vielen Athleten als Geheimtipp. Nicht zuletzt auch deshalb, weil jeder Sportler beim Zieleinlauf begeistert gefeiert wird.

*Swimming, cycling, running: the **Erlangen triathlon** organised by the club "TV 48" with the swimming start at the Dechsendorfer bridge, the cycling in the north west of the Erlangen rural district and the running through the Mönau forest is for many athletes an insider tip. Not least but also because every athlete is zealously celebrated at the finish.*

KERWA & BIER
KERWA & BEER

Erlangen ist ausgelassen!

Es muss eine saumäßige Plackerei gewesen sein. Meist waren es Maurer, die in der kalten Jahreszeit keine Anstellung bekamen. Sie sägten und schlugen mit großen hölzernen Hämmern auf Metallspieße, um Eis zu brechen. Mit hölzernen Schubkarren und Pritschenwagen schafften sie das Eis der Rudelsweiher in den heutigen Henninger Keller. Vor über 330 Jahren soll der erste der heute 16 Felsenkeller in den Erlanger Burgberg getrieben worden sein. Einigermaßen konstant bei acht bis neun Grad Celsius konnten die Brauereien ihr Bier lagern.

1755 war es dann so weit. Der Magistrat der Stadt legte zwei traditionelle Feste zusammen und vor die Tore der Stadt: den Pfingstmarkt und die große Verkaufsmesse der Hugenotten, die Geburtsstunde der Kirchweih am Fuße des Burgbergs. Der „Berg" schrieb von Anfang an eine Erfolgsgeschichte. Die Besucher strömten, Händler und Brauer machen Umsätze. In Erlangen entwickelte sich eine Biertradition, die bis Ende des 19. Jahrhunderts ihresgleichen suchte. Vor rund 150 Jahren stellten in Erlangen 18 Brauereien Bier her. Die Hugenottenstadt führte die Liste der erfolgreichsten Bierexporteure aus Bayern an, deutlich vor Kulmbach und München.

Und dann ist es passiert. Ausgerechnet ein gebürtiger Oberfranke hat den Erlangern ihre Ausnahmestellung zunichte gemacht. Carl von Linde erfand die Kältemaschine. Schnell interessierten sich Brauereien in ganz Europa dafür, nur die Erlanger verließen sich weiter auf ihre Keller. Eine Brauerei nach der anderen musste schließen.

Verfluchen wollen die Erlanger Carl von Linde heute aber trotzdem nicht. Schließlich überlebte eine Brauerei und eine zweite wurde wiederbelebt. Hätten die Erlanger die Entwicklung der Kältemaschine nicht verschlafen, dann gäbe es heute wohl auch hier nur noch eintöniges Fabrikbier. So aber versüßen zwei Familienbrauereien bis heute den Erlangern den Biergenuss.

Und die Bergkirchweih? Die ist Kult. Treffpunkt für Studierende, ehemalige Studenten, Erlanger, Zugezogene, Weggezogene, Landeier, Nachbarstädter, Franken, Preissn und sogar Bayern werden geduldet – kollektiver Ausnahmezustand zwölf Tage lang rund um Pfingsten. Wer dann am letzten Abend zu den Klängen von Lilly Marleen sein weißes Stofftaschentuch schwenkt, mag sich noch gar nicht vorstellen, wie die bergkirchweihfreie Zeit zu überstehen ist. Doch nach ein paar Tagen kommt die Erinnerung zurück: Es gibt ja auch noch Altstadtfest, Schlossgartenfest, Zollhausfest, Vorortkirchweihen, Marktplatzfest, …

Rüdiger Baumann

Erlangen frolics!

It must have been a really rough life. During the cold times of year it was mostly the masons who had no normal employment. They were the ones who sawed and then broke the ice blocks out with a maul and crowbar. With wooden wheelbarrows and flat-bed wagons they brought the Rudelsweiher ice to the present-day Henninger cellar.

The first of the 16 stone cellars in Erlangen's Burg hill were hewn out over 330 years ago. The breweries have beer storage with a reasonably constant temperature of about 8 degrees Celsius there. It happened in 1755. The municipal authorities combined two traditional festivals and moved them outside of the city: the Whitsun market and a large Huguenot trade fair, the beginning of the church fête at the foot of the Burg hill. The "Hill" was successful from the very beginning. The visitors arrived in streams, tradespeople and brewers had good sales. A beer tradition developed in Erlangen which was, until the end of the 19th century, difficult to beat. About 150 years ago there were 18 breweries in Erlangen: the Huguenot town was the leading beer exporter in Bavaria, conspicuously better than Kulmbach or Munich.

And then it happened. Of all things the special position of Erlangen was destroyed by an upper Franconian. Carl von Linde invented the cooling plant. Breweries all over Europe quickly took interest in the new development, only the breweries in Erlangen remained faithful to their cellars. One brewery after another had to close.

Despite that, today the citizens of Erlangen do not curse Carl von Linde. Ultimately one brewery survived and a second one was reopened. If Erlangen breweries had taken an interest in the cooling plant, then today there would only be a single dreary factory beer. Two family breweries sweeten the enjoyment of beer in Erlangen.

And the Bergkirchweih? It's a cult. A meeting place for students, alumni, current and ex-citizens of the city and the environs and Franconians. Prussians and even Bavarians are also tolerated – a collective state of emergency for 12 days around Whitsuntide. Those who wave their white handkerchief to the tones of Lili Marlene on the last evening, possibly cannot imagine how they will survive the days without the Bergkirchweih. But, after a few days they recall that there is also the Altstadtfest, Schlossgartenfest, Zollhausfest, church fêtes in the suburbs, Marktplatzfest, …

Rüdiger Baumann

BERGBIERANSTICH

Das ist **der Tag** im Jahr. Wer dabei sein will, muss rechtzeitig da sein – Gedränge. Ein paar Schläge auf den Zapfhahn und wer den längsten Atem und die längste Ausdauer hat, kann eine **Freimaß** vom Erlanger Oberbürgermeister bekommen. „**Anstochen is**", egal ob es der OB vergisst zu sagen oder nicht: Am Donnerstag vor Pfingsten um 17 Uhr ist die Bergkirchweih eröffnet.

*This is **THE day** in the year. You have to be early – a crush. A few blows on the spigot and whoever had the best staying power, possibly gets a **free beer** from Erlangen's mayor. **"Its broached!"**: regardless as to whether the mayor forgot to say it or not, the Bergkirchweih is opened at 5 o'clock on the Thursday evening before Whitsuntide.*

Was wäre eine fränkische Kirchweih ohne Bier? Das mögen sich **Kitzmanns Bierköniginnen** lieber nicht vorstellen. Was wäre eine fränkische Kerwa ohne **Fahrgeschäfte**? Und was wäre die Berchkerwa ohne ihre Ochsen? Feinsäuberlich nummeriert und liebevoll mit männlichen Vornamen getauft, müssen so einige ihr Leben lassen. Zum Glück für alle Ochsen gibt´s auch **Schweineschäuferla** und natürlich **Bratwürste**.

A Franconian church fête be without beer? Something that the **Kitzmann beer queens** would rather not imagine. A Franconian church fête be without **fairground rides**? And, the Bergkirchweih without its oxen? Meticulously numbered and affectionately baptised with male forenames, some have to give up their lives. Luckily for the oxen there are also **roast pork shoulders** and **grilled sausages**.

KERWA & BIER | *KERWA & BEER* | 71

BERGLEBEN
BERG LIFE

BERGABTRIEB
BERG END

Abend für Abend kurz nach 23 Uhr ziehen die Massen Richtung Innenstadt – manche nach Hause, viele zum Weiterfeiern. Nach zwölf Tagen ist dann aber alles vorbei. **„Blutwurst und Sauerkraut"** singen die Besucher zu den Klängen der britischen Nationalhymne, wenn am **Erichkeller** der **Trauerzug** mit dem letzten leeren Fass zur **Beerdigung** der Bergkirchweih zieht. Und nach fünf Strophen **„Lilly Marleen"** ist dann endgültig alles vorbei – bis zum nächsten Jahr.

At 11 o'clock p.m. every evening the masses trek in the direction of the city centre – some go home, many continue the party. After twelve days then it's all over. As the **funeral procession** for the Bergkirchweih **burial** passes the **Erich cellar** with last empty beer cask, the guests sing *"Blutwurst und Sauerkraut"* to the tune of the national anthem. After 5 verses of *"Lili Marlene"* everything is definitely over – until next year.

Nicht nur die **Tennenloher** Kerwamadli und Kerwaburschen haben sich einen stattlichen „Betzen" (Schafsbock) ausgesucht. Auch die **Büchenbacher** tanzen zum Abschluss ihrer Kirchweih den „Betzen" raus. Wer den „Betzen" gewinnt, darf den anderen ein paar Maß Bier ausgeben. Vorher haben hier die **Dechsendorfer** Burschen natürlich den Kerwabaum aufgestellt. Rund zehn Dorfkirchweihen gibt es noch in Erlangen.

*Not only the **Tennelohe church fête** lasses and lads have selected a superb "Betzen" (ram). Also the **Büchenbach** folk dance the "Betzen" out to end their church fête. Whoever wins the ram can shout the others a round of beer. Naturally the **Dechsendorf** lads have erected the church fête tree a few days before. There are still about ten village church fêtes in Erlangen.*

KERWA
KERWA

KOSBACHER KERWA
KOSBACH KERWA

Ungewöhnlich, aber in **Kosbach** selbstverständlich: Die **Kerwa-Olympiade** – ein Wettbewerb und eine Mordsgaudi. Tauziehen, Baumstammsägen und Eierwerfen heißen nur einige der Disziplinen. Das **Fischerstechen** findet zweimal im Jahr statt, während der Kerwa und beim **Hoffest** der örtlichen **Fischerei**.

*Unusual, but in **Kosbach** normal: the **church fête Olympics** – a competition and a lot of fun. Tug-of-war, sawing tree trunks and egg throwing are a few of the events. The **water jousting** occurs twice every year: during the church fête and during the local **fisheries' festival**.*

Was viele nur aus dem Fasching kennen, gehört in Franken zu so mancher Dorfkirchweih dazu: Der **Kerwa-Umzug**. Die Vereine in **Eltersdorf** gestalten Mottowagen und sparen nicht an Spott. Der Spielmannszug begleitet den Umzug und die „**Alten Esel**", die ehemaligen Kerwaburschen, sind auch dabei. 1972 schon wurde Eltersdorf nach Erlangen eingemeindet – bis heute haben einige das nicht ganz verwunden.

*What many only know from carnival, is in Franconia also part of many village **church fêtes: a procession**. The clubs in **Eltersdorf** construct floats and do not hold back with the ridicule. A band accompanies the procession and the **"old donkeys"**, the past church fête lads, are also there. Eltersdorf was incorporated with Erlangen in 1972 – a few have not yet got over that.*

ELTERSDORFER KERWA
ELTERSDORF KERWA

INNENSTADTFESTE
CITY CENTRE FESTIVALS

Altstadtfest

Klassik am Berg

Bürgerfest

Das Stutterheimsche Palais, einer der beeindruckendsten Bauten der barocken Neustadt, bietet die Kulisse für das **Marktplatzfest**. Für das **Altstadtfest** werden extra Bierspezialitäten eingebraut. Die Erlanger feiern gerne: Das Zollhausfest gilt als legendär, beliebt sind auch das **Bürgerfest** im Schlossgarten und **Klassik am Berg**.

*The Stutterheim'sche Palais, an impressive building in the baroque Neustadt quarter, is the setting for the **Marktplatzfest**. Speciality beer is brewed for the Altstadtfest. Erlangen likes to celebrate: the Zollhausfest is legendary, the **citizen's festival** in the Schlossgarten and "Klassik am Berg" are also popular.*

Marktplatzfest

Die tollen Tage: für die einen der Fasching, für die echten Fans der Erlanger Bergkirchweih noch „100 Tage bis zum Berg". Die Freunde der fränkischen Braukultur treffen sich auf den Kellern und testen das Bier, auch wenn's im privaten **Biermuseum** oder gar im Sudhaus der **Steinbachbräu** sicher kuscheliger wäre. Für die **Kitzmannbräu** heißt der Termin: „Achtung, bald wird wieder das Brauerei-Gespann gebraucht!"

*The mad days: for some carnival, for the fans of the Erlangen Bergkirchweih only **"100 days until the Berg"**. The friends of the Franconian beer culture meet at the cellars for some beer testing, also when it would be more cuddly in a private beer museum or the **Steinbachbräu** brewery. For the **Kitzmann** brewery the date means: "Watch out! The brewery horse team will soon be needed again!".*

BRAUEREIEN
BREWERIES

Steinbachbräu

INTERVIEW MIT STAATSMINISTER DES INNERN
JOACHIM HERRMANN
INTERVIEW WITH STATE MINISTER OF THE INTERIOR
JOACHIM HERRMANN

Sie leben seit Ihrer frühen Jugend in Erlangen. Was unterscheidet die Stadt und ihr Lebensgefühl denn von dem anderer Städte in Bayern und Deutschland?
Joachim Herrmann: Mit 107 000 Einwohnern ist Erlangen noch eine überschaubare Stadt. Gleichzeitig leben hier, bedingt durch Siemens und die Universität, Menschen aus aller Welt, die sonst in einer Stadt dieser Größenordnung eigentlich nicht anzutreffen sind. Die Kleinräumigkeit der alten Hugenottenstadt ist erhalten geblieben. Aber gleichzeitig hat sich ein sehr offenes Bewusstsein entwickelt. Das macht den besonderen Flair Erlangens aus.

Welche Rolle spielt die Stadt in der Metropolregion Nürnberg?
Herrmann: Durch die Universität, Siemens und die vielen Hightech-Unternehmen hat Erlangen sicherlich die Führungsrolle in Sachen Wissenschaft, Forschung und Hightech-Entwicklung in der Metropolregion. Auch wenn unbestritten Nürnberg die Metropole ist.

Welche Herausforderungen stellen sich denn für Erlangen in den nächsten Jahren?
Herrmann: Bei der Universität haben wir große Veränderungen vor uns. Wir wollen das Klinikum weiter ausbauen mit der neuen Chirurgie. Die philosophische Fakultät wird im bisherigen Himbeerpalast von Siemens unterkommen. Gleichzeitig entstehen neue Institute wie das Max-Planck- und das Helmholtz-Zentrum. Parallel dazu läuft der große Umbau von Siemens. Der Konzern investiert über 500 Millionen Euro in den neuen Campus auf dem Südgelände. Außerdem brauchen wir mehr Wohnungen für die Menschen, die hier arbeiten. Und wir müssen die Verkehrswege ausbauen. Dazu gehört für mich vor allem auch die Straßenbahnverbindung von Nürnberg über Erlangen nach Herzogenaurach.

Since your early childhood you have lived in Erlangen. What differentiates the city and its life style from the other cities in Bavaria and Germany?
Joachim Herrmann: With a population of 100 000 Erlangen is still a small city. Despite this, due to Siemens and the university, people from all over the world are living here, which is normally not the case for a city of this size. The cramped style of the old Huguenot town has been preserved. However a very open consciousness has developed. That is the reason for Erlangen's special flair

What is the role of the city in the Metropolitan Region of Nuremberg?
Herrmann: Through the university, Siemens and the many high-tech companies Erlangen has the leading role in the Metropolitan Region with respect to the sciences, research and high-tech development. Despite the fact that Nuremberg is the metropolis.

What are the challenges facing Erlangen in the next few years?
Herrmann: We have some large changes for the university city in the near future. We want to expand the hospital with a new surgical ward. The philosophy faculty will be moved to the old Siemens headquarters building. At the same time new institutes are being built for the Max Planck and Helmholtz Centres. Parallel to this Siemens has a large reconstruction project in progress. The concern has invested more than 500 million Euro in the new Campus on the southern site. In addition we need more accommodation for the people who are working here. And, we must improve the traffic infrastructure. From my point of view especially the tram line from Nuremberg via Erlangen to Herzogenaurach.

Einsatz für die öffentliche Sicherheit: Der Der Innenminister (l.) im Gespräch mit Erlangens Feuerwehr-Chef Friedhelm Weidinger und Birgit Süssner, der bis dahin ersten hauptamtlichen Feuerwehrfrau in Mittelfranken.

Commitment to public safety: the Minister of the Interior (l.) talking with the chief officer of the Erlangen Fire Brigade Friedhelm Weidinger and Birgit Süssner, the first full-time fire-woman in middle Franconia.

Einsatz für die Wissenschaft: Der Innen- und Bauminister informiert sich gemeinsam mit seiner Kabinettskollegin Ilse Aigner über das Erlanger Max-Planck-Institut. Joachim Hornegger, Vizepräsident der Universität, und Christoph Marquardt (l.) vom Institut stellen die Forschungsschwerpunkte vor.

Commitment to science: the Interior and Housing Minister together with his cabinet colleague Ilse Aigner at an Erlangen Max-Planck institute briefing. The research focus is being presented by the vice-president of the university, Joachim Hornegger, and Christoph Marquardt (l.) from the institute.

Einsatz für den Sport: Joachim Herrmann sorgt gemeinsam mit dem Maskottchen des HC Erlangen für Stimmung in der Karl-Heinz-Hiersemann-Halle.

Commitment to sport: Joachim Herrmann takes part in the atmosphere in the Karl-Heinz-Hiersemann hall with the mascot of the HC Erlangen.

Und wie können Sie als Mitglied der Bayerischen Staatsregierung von München aus dabei helfen?
Herrmann: Themen wie die Stadt-Umland-Bahn, der S-Bahn-Ausbau und der Ausbau der Autobahnen werden unmittelbar in meinem Ministerium bearbeitet. Mein Haus beschäftigt sich auch mit Fragen des Wohnungsbaus und der Förderung von Studentenwohnheimen. In guter Zusammenarbeit mit dem Finanz- und dem Wissenschaftsminister habe ich als Mitglied der Staatsregierung ganz erfreuliche Einflussmöglichkeiten auf die Entwicklung unserer Universität. Als Fan unseres Handballclubs Erlangen finde ich es phänomenal, dass er so hochklassig spielt. Als Sport- und Bauminister will ich meinen Beitrag dazu leisten, damit die sportliche Infrastruktur stimmt und eine neue Veranstaltungshalle entstehen kann, die für den Sport aber auch für andere Zwecke genutzt werden kann.

Sie sind häufig auch mit dem Fahrrad durch Erlangen unterwegs. Was ist denn Ihre Lieblingsstrecke und Ihr Lieblingsplatz, den Sie mit dem Fahrrad ansteuern?
Herrmann: Im Sommer bin ich oft im Schwabachtal unterwegs. Aber ich fahre von meinem Haus in Sieglitzhof auch gerne auf die Marloffsteiner Höhe oder nach Atzelsberg. Eine schöne Strecke führt auch durch den Sebalder Reichswald Richtung Tennenlohe oder nach Kalchreuth.

Interview führte Michael Reiner

And how can you, as member of the Bavarian government, from Munich help here?
Herrmann: Topics such as the city and environs railway, suburban railway and the development of the motorways are dealt with directly by my ministry. My house also deals with questions related to residential construction and the promotion of student accommodation. In good collaboration with the finance and science ministers, I have as member of the government extremely pleasant possibilities to influence the development of our university. As a fan of our Erlangen Handball club I find their high-class play phenomenal. My contribution as sport and construction minister is to ensure that the infrastructure for sport is good and a new hall for sport events but also other activities can be built.

You are often bicycle through Erlangen. What is your favourite cycle route and favourite place which can be reached with the bicycle?
Herrmann: In summer I often cycle in the Schwabach valley. But, I also ride often from my house in Sieglitzhof to the heights around Marloffstein or to Atzelsberg. A wonderful route is through the Sebald imperial forest in the direction of Tennenlohe or to Kalchreuth.

Interview by Michael Reiner

UNIVERSITÄT UND FORSCHUNG
UNIVERSITY AND RESEARCH

Erlangen ist schlau!

FAU: Friedrich-Alexander-Universität. Ein Markenzeichen wie MIT oder CERN. Das Kürzel ehrt die Namensgeber: Der fränkische Markgraf Friedrich von Brandenburg-Bayreuth gründete 1743 – auf Betreiben seiner Gattin Wilhelmine – eine fränkische Landes-Universität in Erlangen. Ab 1769 wurde sie von Markgraf Karl Alexander von Brandenburg-Ansbach gefördert.

In den mehr als 270 Jahren seit ihrer Gründung sind Universität und Stadt zusammen gewachsen. Die FAU wuchs dabei nicht nur innerhalb der Stadtgrenzen auf dem sogenannten Südgelände und im Röthelheimpark, sondern auch weit darüber hinaus. 1961 wurde die Handelshochschule Nürnberg und 1972 die Pädagogische Hochschule in Nürnberg integriert. Mittlerweile ist die FAU auch im Technologiepark „Uferstadt" in Fürth vertreten und hat eine Dependance in Busan/Südkorea. Und in Nürnberg wird das frühere AEG-Gelände zu einem weiteren FAU-Standort ausgebaut.

Mit fast 38 000 Studierenden – davon etwa neun Prozent aus dem Ausland – ist die FAU die zweitgrößte Universität in Bayern. Und mit etwa 13 000 Mitarbeitern – inklusive des Klinikums – einer der bedeutendsten Arbeitgeber in der Metropolregion Nürnberg. Insgesamt gibt es fast 340 Lehrstühle und mehr als 300 weitere Professuren. Dazu kommt das Universitätsklinikum mit 24 Kliniken und 18 selbstständigen Abteilungen.

Bei der Neustrukturierung 2007 wurden aus elf Fakultäten deren fünf: die Philosophische Fakultät, die Rechts- und Wirtschaftswissenschaftliche Fakultät, die Naturwissenschaftliche Fakultät, die Medizinische Fakultät und die Technische Fakultät. Fast 250 verschiedene Studiengänge bietet die FAU an, ihr breites Fächerspektrum ist deutschlandweit nahezu einzigartig.

Neben den Fakultäten umfasst die FAU zahlreiche sonstige Einrichtungen, zum Beispiel das Zentralinstitut für Regionalforschung und das Zentralinstitut für Neue Materialien und Prozesstechnik. Jeweils ein Lehrstuhl ist eng mit den Fraunhofer-Instituten für Integrierte Schaltungen IIS bzw. für Integrierte Systeme und Bauelementetechnologie IISB verknüpft.

Dank der Exzellenzinitiativen des Bundes und der Länder wurden ein Exzellenzcluster „Engineering of Advanced Materials" und eine „Graduate School in Advanced Optical Technologies" in Erlangen eingerichtet. 2009 wurde eine Max-Planck-Arbeitsgruppe zum Max-Planck-Institut für die Physik des Lichts erhoben, zur Zeit wird ein Helmholtz-Institut für Erneuerbare Energien in Erlangen aufgebaut. *Dr. Lothar Hoja*

Erlangen is clever!

FAU: Friedrich-Alexander-Universität Erlangen-Nürnberg. A logo like MIT or CERN. The abbreviation acknowledges the founder: the franconian Friedrich, Margrave of Brandenburg-Bayreuth, grounded in 1743 with the help of his wife Wilhelmine a franconian country university. In 1769 the university fell under the patronage of Karl Alexander, Margrave of Brandenburg-Ansbach.

In the 270 years since its foundation the University and the city of Erlangen have both grow together. The FAU has grown not only within the city boundaries on the "South Site" and "Röthelheim Park" but also much further. In 1961 the commercial college of Nuremberg and in 1972 the Nuremberg college of education were integrated into the FAU. Since then the FAU has taken space at the "Uferstadt" Technology Park in Fürth and has a branch in Busan in South Korea. And, the former AEG site in Nuremberg is being rebuilt to accommodate a further FAU expansion.

With almost 38 000 students – about 9 percent are international students – the FAU is the 2nd largest university in Bavaria. And, with about 13 000 employees – including the university hospital – one of the most important employers in the Metropolitan Region of Nuremberg. There are almost 340 professorial chairs and more than 300 additional professors. In addition there is the University Hospital with 24 clinics and 18 independent departments.

In 2007 the FAU was restructured and the former 11 faculties were reduced to 5: the faculty of Humanities and Theology, the faculty of Business Economics and Law, the faculty of Sciences, the faculty of Medicine and the faculty of Engineering. The FAU offers almost 250 different degree programs which is almost unique in Germany.

In addition to the faculties, the FAU has many special facilities, for example the Central Institute for Regional Research and the Central Institute for New Materials and Process Technology. Additionally, there are professorial chairs close to the Fraunhofer Institutes for Integrated Circuits IIS and Integrated Systems and Device Technology IISB.

Due to the initiatives for excellence sponsored by the German government and States, an excellence cluster for the Engineering of Advanced Materials and a Graduate School for Advanced Optical Technologies are being established. In 2009 a Max Planck research group were reformed as the Max Planck Institute for the Science of Light and currently the Helmholtz Institute for Renewable Energy Production is being established. *Dr. Lothar Hoja*

Das alljährliche **Schlossgartenfest** in Erlangen ist ein gesellschaftlicher Höhepunkt in der Metropolregion und wird vom Präsidenten der Universität eröffnet. Mehr als 6000 Gäste, davon ein Drittel Studierende, machen aus dem Sommerball der FAU eines der größten Gartenfeste Europas. Das spektakuläre Spiel mit Licht, szenische Darbietungen und ein großartiges Feuerwerk sorgen für eine einzigartige Atmosphäre.

*An annual cultural highlight in the Metropolitan Region is the **garden party** held in the Erlangen **Schlossgarten** and opened by the university's presidents. More than 6 000 guests, more than a third of them students, transform the summer ball of the FAU into one of Europe's largest garden parties. The spectacular light effects, scenic performances and a magnificent firework display produce a unique ambience.*

UNIVERSITÄT & FORSCHUNG | *UNIVERSITY & RESEARCH* | **89**

SCHLOSSGARTENFEST
SCHLOSSGARTENFEST

Die Universität ist kein Elfenbeinturm. Sie öffnet sich in vielfältiger Weise. Ihre **Bibliothek** ist öffentlich zugänglich, bei der **Langen Nacht der Wissenschaften** können Besucher hinter die Kulissen schauen. Das **Schülerforschungszentrum** der FAU bietet Forschungscamps für junge Tüftler. Angehende Ingenieure können ein **Duales Studium** in Verbindung mit einer Ausbildung bei **Siemens** wählen.

*The university is not an ivory tower. It is open in many ways. The **library** is open to the public and during the **long science night** the visitors can look behind the scenes. The FAU's **school pupil's research centre** offers research camps for young researchers. Engineering students can choose to take part-time studies combined with training by **Siemens**.*

UNIVERSITÄT & FORSCHUNG | UNIVERSITY & RESEARCH | 91

JUNGFORSCHER & TRADITION
YOUNG RESEARCHERS & TRADITION

TECHNISCHE FAKULTÄT
FACULTY OF ENGINEERING

Photonische Technologien

Technische Fakultät

Strömungsmechanik

Fertigungsautomatisierung

Besonderes Kennzeichen der **FAU** ist die Integration der modernen Ingenieurwissenschaften in eine klassische Universität. Die **Technische Fakultät** wurde seit den 1960er Jahren buchstäblich aus dem Waldboden des Südgeländes gestampft. Forschungsschwerpunkte sind beispielsweise **Prozessmaschinen und Anlagentechnik, Photonische Technologien** sowie **Strömungsmechanik** und **Fertigungsautomatisierung**.

*An outstanding characteristic of the **FAU** is the integration of modern engineering sciences into a classical university. The **Faculty of Engineering** was built in the 1960's on the forest area of the South Site. Some of the major research areas are **Process Technology and Machinery**, **Photonic Technologies**, as well as **Fluid Mechanics** and **Automated Manufacturing**.*

Anlagentechnik

94 | UNIVERSITÄT & FORSCHUNG | *UNIVERSITY & RESEARCH*

FRAUNHOFER IIS
FRAUNHOFER IIS

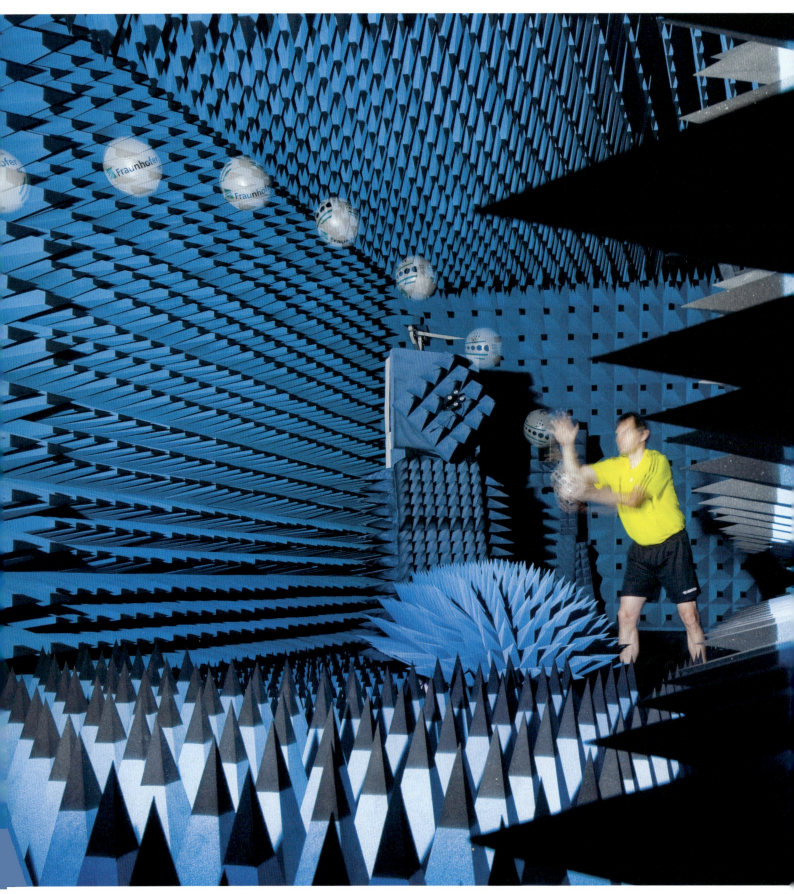

Ist der Ball wirklich im Tor? Was sollte ich im Museum über ein bestimmtes Exponat wissen? Wo sitzt der winzige Fehler im Bauteil? Das **Fraunhofer-Institut für Integrierte Schaltungen IIS** mit 830 Mitarbeitern in Erlangen-Tennenlohe und an neun weiteren Standorten ist weltweit führend bei der Entwicklung optischer Prüftechnologien und informationstechnischer Systeme der drahtlosen Kommunikation zwischen Sendern und Empfängern.

*Was it a goal, or not? What should I know about a specific exhibit in a museum? Where is the tiny, tiny failure in a component? The **Fraunhofer Institute for Integrated Circuits IIS** with 830 employees in Erlangen-Tennenlohe and nine other sites is a world-wide leader in research related to optical testing technology and low power telemetry.*

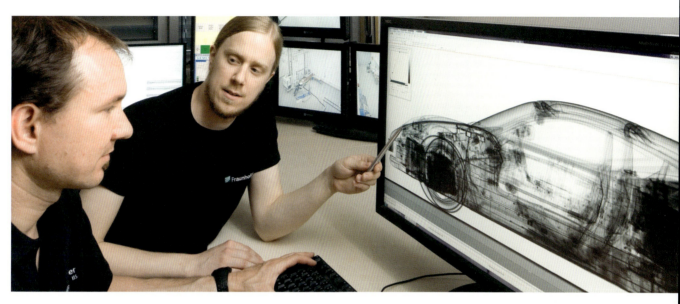

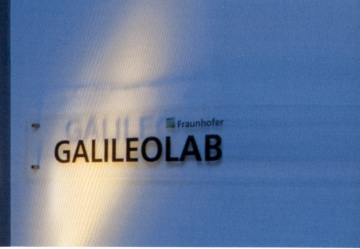

Mit der Erfindung von **mp3** vor fast 30 Jahren fing es an. Seitdem ist das **Fraunhofer-Institut für Integrierte Schaltungen IIS** eine führende Forschungsstätte für neue Audio- und Multimedia-Technologien. Weitere Beispiele sind der **Digitale Rundfunk,** Technologien für das **Digitale Kino** und die Entwicklung neuer **Codierungsverfahren** in den weltweit einzigartigen **Audio-Labs**.

It all began almost 30 years ago, with the invention of **mp3**. Since then, the Fraunhofer Institute for Integrated Circuits IIS has developed into a leading research centre for new audio and multimedia technologies. For example, research related to **Digital Broadcasting**, solutions for the **Digital Cinema** and in the world-wide unique **AudioLabs**, new *audio coding techniques*.

UNIVERSITÄT & FORSCHUNG | *UNIVERSITY & RESEARCH* | 97

AUDIO- UND MULTIMEDIA-TECHNOLOGIE
AUDIO AND MULTIMEDIA TECHNOLOGY

FRAUNHOFER IISB
FRAUNHOFER IISB

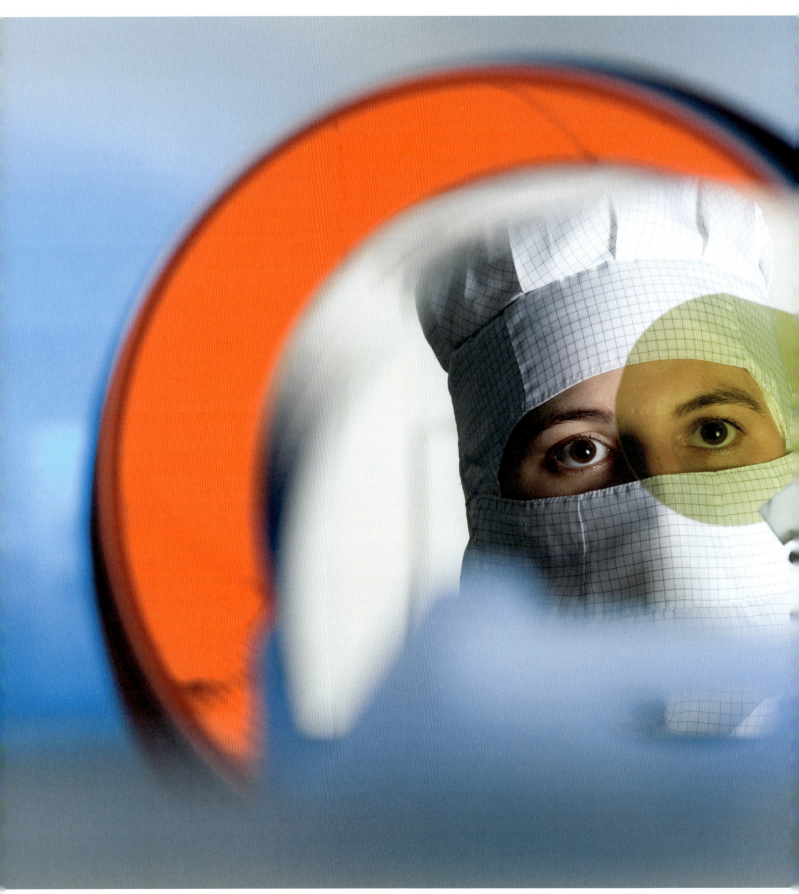

Von der Erforschung neuer Halbleiter-Materialien wie Siliziumkarbid bis zur Entwicklung von leistungselektronischen Systemen für Elektrofahrzeuge und die elektrische Energieversorgung reicht das breite Forschungsspektrum des **Fraunhofer-Instituts für Integrierte Systeme und Bauelementetechnologie IISB**. Ein besonderer Schwerpunkt ist das Thema Energieeffizienz.

The research spectrum of the **Fraunhofer Institute for Integrated Systems and Device Technology IISB** reaches from new semiconductor materials such as silicon carbide to the development of power electronic systems for electric vehicles and electrical power supply. A special area of interest is efficient use of energy.

Die **Reinraumhalle** für Forschung und Ausbildung zur Halbleitertechnologie am **FAU-Lehrstuhl für Elektronische Bauelemente** ist in der deutschen Universitätslandschaft herausragend. Dort wird in enger Kooperation mit dem **Fraunhofer IISB** an neuen Halbleiterbauelementen und Fertigungsprozessen für die Mikroelektronik und die Leistungselektronik gearbeitet.

*The **clean room** hall for semiconductor research and teaching of the **FAU professorial Chair of Electron Devices** has prominent position within the German universities. In close cooperation with the **Fraunhofer IISB** the facility is used for work on new semiconductor devices and manufacturing methods for power electronics and microelectronics.*

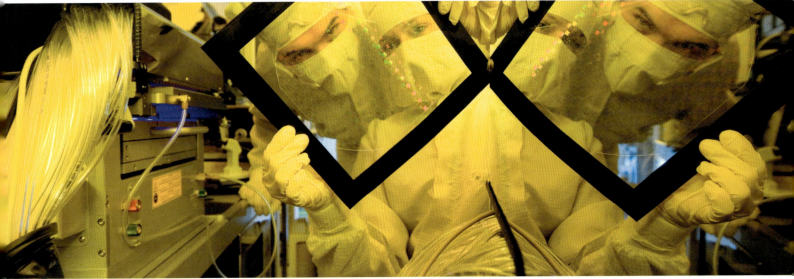

UNIVERSITÄT & FORSCHUNG | UNIVERSITY & RESEARCH | 101

REINRAUM
CLEAN ROOM

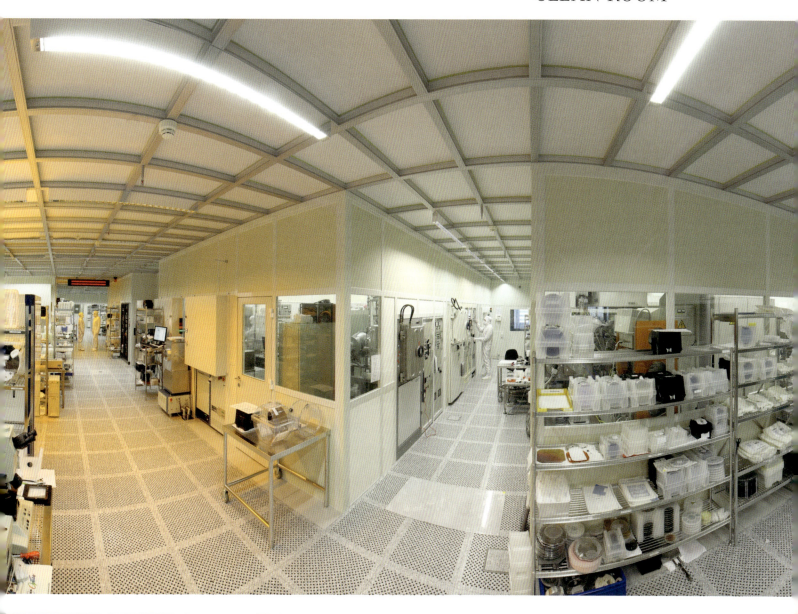

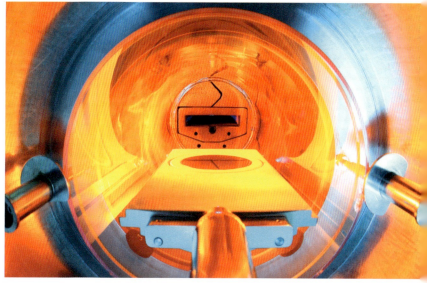

| UNIVERSITÄT & FORSCHUNG | UNIVERSITY & RESEARCH

SPITZENFORSCHUNG
FIRST CLASS RESEARCH

Neuartige Glasfasern für UV-Licht werden am **Max-Planck-Institut für die Physik des Lichts** entwickelt. Am **Zentrum für Angewandte Energieforschung (ZAE)** geht es unter anderem um neue Solarzellenkonzepte.

In enger Zusammenarbeit mit dem **Energie-Campus Nürnberg (EnCN)** steht am **Lehrstuhl für Chemische Reaktionstechnik** und am neuen **Helmholtz-Institut** die Speicherung von Wasserstoff, zum Beispiel in der Flüssigkeit **LOHC**, im Mittelpunkt.

The **Max Planck Institute for the Science of Light** are researching new types of glass fibre for UV light. Amongst other things, the Center for **Applied Energy Research (ZAE)** is researching new solar cell concepts.

In close cooperation with the **Energy Campus Nuremberg (EnCN)** the **professorial chair for Chemical Reaction Technology** together with the new **Helmholtz Institute** are researching the storage of hydrogen for example in the fluid **LOHC**.

Max-Planck-Institut

ZAE

EnCN

MEDIZIN
MEDICAL

Erlangen ist gesund!

Hier lebt man etwa zwei Jahre länger als im Bundesdurchschnitt. Über die Gründe dafür darf spekuliert werden. Sicher ist: Erlangen hat eine herausragende Stellung auf dem Gebiet der Medizin und Gesundheit. So viel geballte Kompetenz im Bereich Medizin und Medizintechnik wie in Erlangen und Umgebung gibt es kaum anderswo in Deutschland. Diese simple Feststellung war in den 1990er Jahren der Ausgangspunkt für ein kühnes Konzept: Medizinstadt Erlangen.

Aus dieser Idee ist der Verein Medical Valley der Europäischen Metropolregion Nürnberg geworden. So nennt sich eine regionale Initiative, die alle Akteure auf dem Gebiet der Medizin zusammenbringen will, um bessere Diagnosen und wirkungsvollere Behandlungsmethoden zu entwickeln.

Die fünf Leitthemen dabei sind: Bildgebende Diagnostik, Intelligente Sensorik, Therapiesysteme, Augenheilkunde sowie Innovationen zur Produkt- und Prozessoptimierung. 2010 wurde das Medical Valley vom Bundesministerium für Bildung und Forschung mit dem Titel „nationales Spitzencluster Medizintechnik" geadelt.

Die Fäden des Clusters laufen im Medical Valley Center in Erlangen zusammen, das zuvor unter dem Namen Innovationszentrum für Medizintechnik und Pharma (IZMP) bekannt wurde. Mehr als 30 junge Unternehmen arbeiten hier. Entscheidend für deren Erfolg ist die Nähe zur Friedrich-Alexander-Universität (FAU) Erlangen-Nürnberg und ihrem Klinikum. Kurze Wege zwischen Grundlagenforschung und jungen Unternehmen sind die Basis für neue Forschungsansätze und deren Umsetzung in neue Technologien.

Reiche Erfahrungen damit hat Siemens Gesundheit, einer der weltweit führenden Anbieter im Gesundheitswesen. Entstanden ist der Unternehmensbereich aus der Firma R.G.S., die der frühere Universitätsmechaniker Erwin Moritz Reiniger 1888 zusammen mit Julius Max Gotthart Gebbert und Karl Friedrich Schall gegründet hatte.

Diesem Vorbild sind in jüngerer Zeit allein in Erlangen mehr als 60 Gründer neuer Unternehmen gefolgt. Bekannte Beispiele sind die Firmen HumanOptics, Wavelight und Peter Brehm. In der Metropolregion sind mehr als 250 medizintechnische Unternehmen beheimatet, die zum geballten Know-how beitragen.

Dr. Lothar Hoja

Erlangen is healthy!

Erlangen is healthy: the population has a life expectancy 2 years higher than the German average. One can speculate as to why. One thing is certain: Erlangen has a prominent position in the area of medicine and health. There is more competence in the areas of medicine and medicine technology concentrated in Erlangen and its environs than almost anywhere else in Germany. In the 1990's this simple diagnosis was the start of a bold concept: Medicine City Erlangen.

This idea caused the formation of the association "Medical Valley" within the European Metropolitan Region of Nuremberg. This is a regional initiative to bring all the stakeholders in the area of medicine together, to develop better diagnosis and effective treatment methods.

Main themes are: diagnostic imaging, intelligent sensors, therapy systems, ophthalmology as well as innovation in the optimisation of products and processes. In 2010 Medical Valley was awarded the title "National Excellence Cluster of Medicine Technology" by the Federal Ministry of Education and Research.

The main location is the Medical Valley Centre in Erlangen, previously known as the Innovation Centre for Medicine Technology and Pharmacology (IZMP). More than 30 young enterprises are located in the centre. The key to their success is the proximity to the Friedrich-Alexander-Universität (FAU) Erlangen-Nürnberg and the University Hospital. The close cooperation between fundamental research and young enterprises leads to new approaches to research and the development of new technologies.

Siemens Healthcare, one of the world-wide leading suppliers of medical products, is very experienced in this way of working. The division was formed from the company R.G.S., which was established in 1888 by the university mechanic Eric Moritz Reiniger together with Julius Max Gotthart Gebbert and Karl Friedrich Schall.

In recent years, more than 60 new businesses have been established in Erlangen. Well known examples are the companies HumanOptics, Wavelight and Peter Brehm. There are more than 250 medical technology companies contributing to the concentration of expertise, within the Metropolitan Region.

Dr. Lothar Hoja

UNIVERSITÄTS-KLINIKUM
UNIVERSITY CLINIC

Seit mehr als 20 Jahren kontinuierlich durch Neubauten erweitert wird das **Klinikum der Universität** im Norden der Stadt. Die Patienten werden in modernsten Räumen von bestens ausgebildetem Personal betreut. Bei der akuten Unfallversorgung ebenso wie im Operationssaal profitieren sie von der allerneuesten Technik, zum Beispiel dem Da-Vinci-Roboter für die minimal invasive Chirurgie.

*The **University clinic** located in the north of the city, has been continually expanded with new buildings over the last 20 years. The patients are cared for by skilled staff in the most modern wards. Regardless of whether an acute emergency case or a normal operation the patients profit from the use of the most modern technology; for example, in the case of minimally invasive surgery the Da-Vinci robot.*

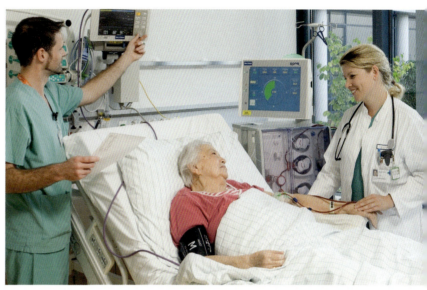
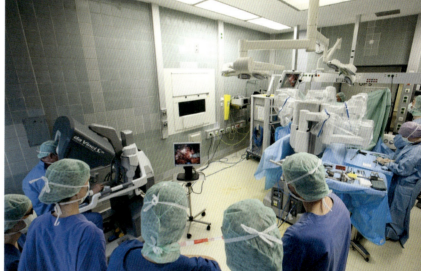
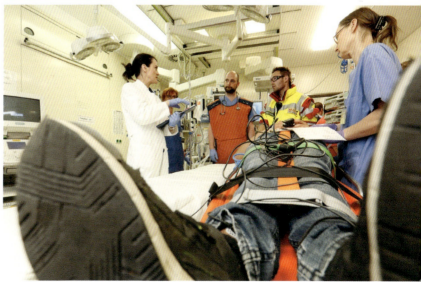

Die Technik eines Industrieroboters steuert ein Angiographiegerät für Anwendungen in der Radiologie und Kardiologie. Das ist das Besondere an **Artis zee**, einer der vielen Produktfamilien von **Siemens Gesundheit**. Die Siemens-Medizintechnik-Fabrik lockt regelmäßig Gäste aus aller Welt nach Erlangen. Hier werden auch die Anwender in speziellen Trainingskursen geschult.

*Industrial robot technology is used to control an Angiography device used by radiology and cardiology. This is a feature of **"Artis zee"**, one of the product families of **Siemens Healthcare**. The Siemens medical technology factory draws visitors from the all over the world to Erlangen. Special training courses located here offer schooling for the users.*

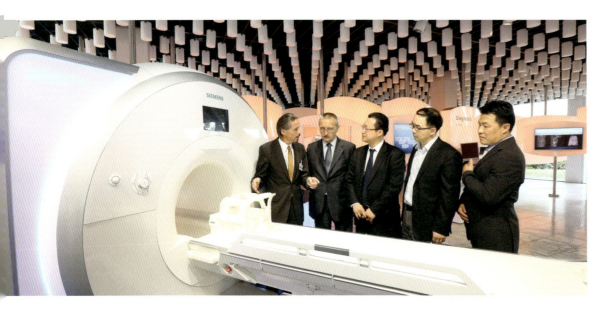

MEDIZIN | *MEDICAL* | 109

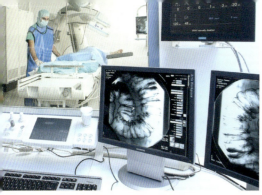

SIEMENS

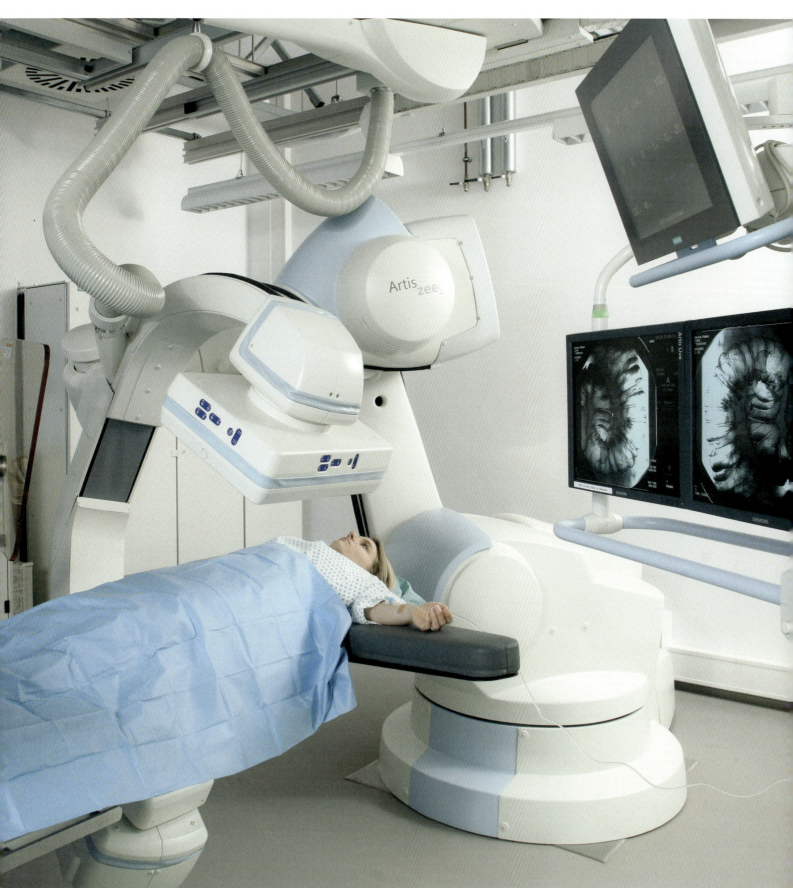

SIEMENS MEDMUSEUM
SIEMENS MEDMUSUEM

Ab 1895 betrieb **Max Gebbert** in Erlangen ein Unternehmen für Röntgentechnik. 1925 ging deren Aktienmehrheit an die Firma Siemens, die selbst seit Mitte des 19. Jahrhunderts in der Medizintechnik aktiv war. Wie sich dieser Unternehmensbereich seitdem entwickelt hat, ist im **Siemens MedMuseum** unter anderem an den Beispielen Computertomographie und Magnetresonanztomographie zu bestaunen.

Beginning in 1895, **Max Gebbert** *ran a company producing X-Ray equipment in Erlangen. The company was bought out in 1925 by Siemens, who had been active in medical technology since the middle of the 19th century. The* **Siemens MedMusuem** *has exhibits illustrating how this division has since developed, including examples of computer tomography and magnetic resonance imaging.*

Das **Zentralinstitut für Medizintechnik (ZiMT)** fungiert als Schnittstelle zwischen Lehre, Forschung und Industrie. Bei den Projekten geht es unter anderem um magnetische **Nanopartikel**, die über das Blut direkt an Tumore gelenkt werden, sowie in Zusammenarbeit mit der Firma **Astrum** um Sensoren im Schuh, die das Parkinson-Syndrom frühzeitig erkennen können. Weitere Beispiele sind Verbesserungen in der **Strahlentherapie** und **Sportmedizin**.

*The **Central Institute of Medical Engineering (ZiMT)** serves as an interface between doctrine, research and industry. Current projects include the steering of magnetic **nano-particles** via the blood to tumours and in cooperation with the company **Astrum** in-shoe sensors which will enable the early detection of Parkinson's disease. Further examples are improvements in **radiotherapy** and **sport medicine**.*

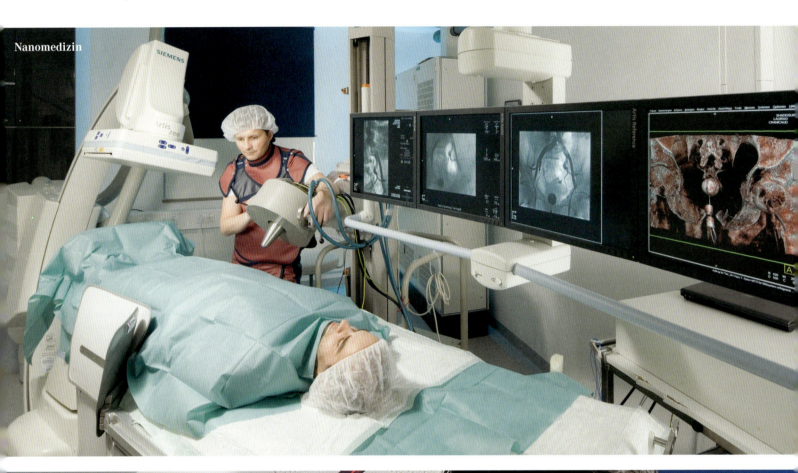

Nanomedizin

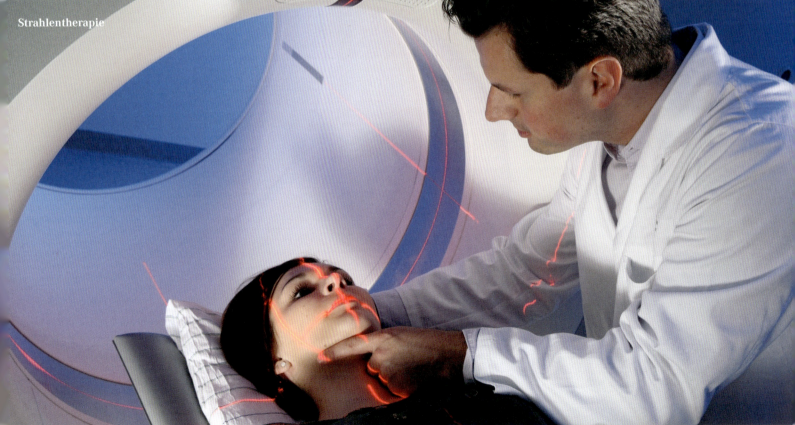

Strahlentherapie

ZENTRALINSTITUT MEDIZINISCHE TECHNIK
CENTRAL INSTITUTE OF MEDICAL ENGINEERING

Sportmedizin

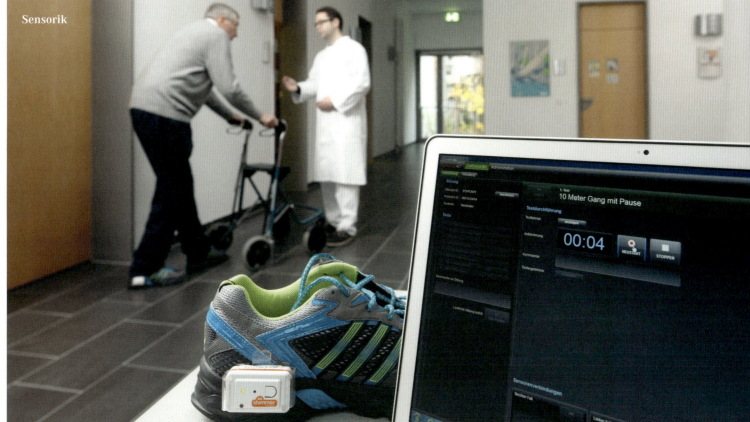

Sensorik

MEDIZINTECHNIK
MEDICAL TECHNOLOGY

Zum Ruf des **Medical Valley** trägt eine ganze Reihe von jungen Unternehmen im Bereich Medizintechnik bei. **HumanOptics AG** zum Beispiel produziert Augenimplantate, **Softgate GmbH** ist im Bereich embedded systems aktiv, und die **develop group** entwickelt Software-Lösungen wie etwa **SENSO** für das Pflegemanagement in Sozialen Einrichtungen. Unterstützt werden neu gegründete Firmen durch das Fraunhofer-Entwicklungszentrum **METEAN**.

*The **Medical Valley** has the reputation of supporting a number of young businesses involved with medical technology. For example: **HumanOptics AG** produces eye implants, **Softgate GmbH** develops embedded systems and the **develop group** develops software solutions such as **SENSO** for patient care. The Fraunhofer development centre **METEAN** supports the newly established companies.*

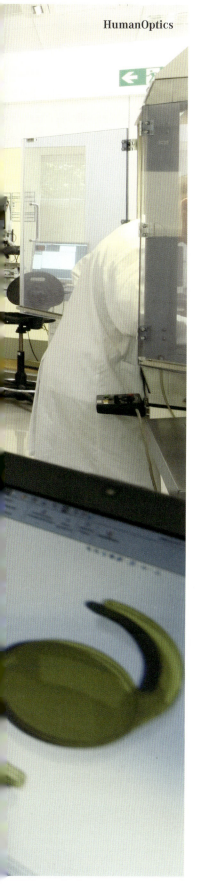

HumanOptics

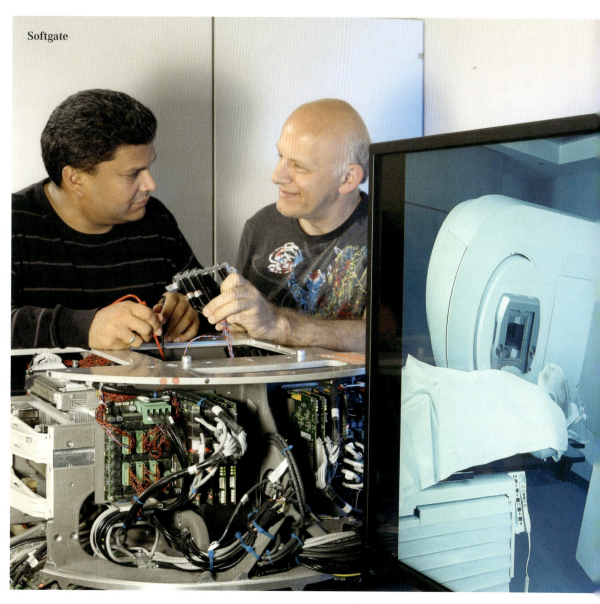

Softgate

develop group

WIRTSCHAFT
ECONOMY

Erlangen ist erfolgreich!

Exzellent in Forschung und Innovation: Dieser Ruf eilt Erlangen im In- und Ausland voraus. Nur wenige deutsche Städte vergleichbarer Größe können auf eine ähnliche Dichte von Forschungseinrichtungen und innovativen Unternehmen verweisen.

Viele Firmen schätzen die Nähe zur Forschung und bilden ein innovatives Netzwerk mit der Universität Erlangen-Nürnberg, den beiden Fraunhofer-Instituten, dem Max-Planck-Institut und weiteren Forschungseinrichtungen. Teil dieser „Cluster" auf Feldern wie Mikroelektronik, Medizintechnik, Laser, Informationstechnologie und Energietechnik sind auch zahlreiche junge Technologieunternehmen, von denen einige ihren Sitz in den Gründerzentren IGZ und Medical Valley Center haben.

Der Aufstieg zum Wirtschafts- und Innovationsstandort, den Erlangen seit dem Zweiten Weltkrieg vollzogen hat, wäre nicht möglich gewesen ohne die Siemens AG. Der Weltkonzern beschäftigt in der Stadt rund 25 000 Mitarbeiter und steuert von dort aus rund ein Drittel seines weltweiten Umsatzes. Historische Dimensionen hat das Projekt „Siemens Campus" im Süden der Stadt, wo bisher verstreute Standorte konzentriert werden.

Erlangen is successful!

Excellence in research and innovation: Erlangen has this reputation at home and abroad. Only a few German cities of the same size have a similar concentration of research facilities and innovative companies.

Many companies value the closeness to research and maintain an innovative network with the Erlangen-Nuremberg university, both the Fraunhofer institutes, the Max-Planck institute and other research facilities. Many young technology companies, some located in the IGZ Start-Up Centre or the Medical Valley Centre, are part of a cluster concerned with micro-electronics, medicine technology, laser, information technology and energy technology.

Without Siemens AG, the advancement to the commercial and innovation location, which since World War II has occurred in Erlangen, would not have been possible. The international concern has about 25 000 employees in the city and generates here approximately one third of its international turnover. The project "Siemens Campus" in the south of the city where previously scattered sites were located, has historical dimensions.

Der **„Himbeer-Palast"** und weitere Siemens-Gebäude in der Werner-von-Siemens-Straße: Dieses Areal bildete die Keimzelle für die Aktivitäten des Weltkonzerns am Standort Erlangen.

*The **"Raspberry Palace"** and other Siemens buildings in the Werner-von-Siemens street. This area is the centre of the global corporation's activities for the Erlangen location.*

Eine halbe Milliarde Euro investiert der Konzern in diesen neuen Stadtteil, der ungeahnte Perspektiven für die Stadtentwicklung eröffnet. In der Innenstadt werden dadurch große Areale für Gewerbe und Wohnungsbau frei – ein Segen angesichts des akuten Flächenmangels in Erlangen. Das Großprojekt bringt auch die seit Langem diskutierte Stadt-Umland-Bahn (StUB) in Fahrt, die am Campus vorbeiführen und Erlangen besser mit Nürnberg und Herzogenaurach verbinden soll.

Von diesen Zukunftsinvestitionen und von der hervorragenden Stellung als Wissenschaftsstadt profitiert die gesamte Erlanger Wirtschaft. Über 8000 Unternehmen aus Industrie, Handel und Dienstleistungen sorgen für einen breiten Branchen-Mix, eine lebendige Gründerszene, eine niedrige Arbeitslosenquote und eine überdurchschnittliche Kaufkraft. Stark vertreten sind insbesondere unternehmensnahe Hightech-Dienstleister, für die die Forschungseinrichtungen in der Stadt ein Standortfaktor erster Güte sind.

Nicht nur für Unternehmer ist Erlangen überaus anziehend, sondern auch für auswärtige Besucher. Sie schätzen die attraktiven Einkaufsmöglichkeiten und die vielen kulturellen und gesellschaftlichen Höhepunkte, die Erlangen so lebenswert machen: Figurentheaterfestival, Comic-Salon, Poetenfest und natürlich die fünfte Erlanger Jahreszeit, der „Berch". *Hartmut Beck*

The concern is investing 500 million Euro in this new city district, which will open unexpected perspectives for the city's development. It will result in the availability of a large area for business and residential buildings in the city centre – a blessing for Erlangen's lack of space. This major project also influences the long discussed city and environs railway, which will skirt the Campus and provide Erlangen with better connections with Nuremberg and Herzogenaurach.

All of Erlangen's businesses will profit from this investment for the future and the excellent position of the scientific city. Over 8 000 industrial, commercial and service companies are providing a broad mix of industries, a living start-up scene, a low rate of unemployment and an above average purchasing power. Especially the strong representation of a high-tech service industry close to the corporations, is a first class location factor for the city's research facilities.

Erlangen is not only extremely attractive for employers, but also for foreign visitors. They value the attractive shopping possibilities and the many cultural and social highlights, which make Erlangen so liveable: Puppetry Festival, Comic-Salon, Poet's Festival and of course Erlangen's fifth season, the Bergkirchweih. Hartmut Beck

Auf dem Gelände sind die Bereiche Energietechnik und Forschung angesiedelt. In den nächsten Jahren wird das Areal zum neuen Stadtteil **Siemens-Campus** umgestaltet, in den eine halbe Milliarde Euro investiert werden. Der französische **AREVA-Konzern** steuert sein Deutschland-Geschäft von Erlangen aus. Hier sitzt auch der Geschäftsbereich Kerntechnik. Ein Hochspannungs-Leistungsschalter der **Siemens AG** in Originalgröße.

*The energy technology and research divisions are located on this site. With a 500 million Euro investment, this area will be transformed into the new **Siemens Campus** city district within the next few years. The French **AREVA corporation** runs its German business from Erlangen. The nuclear power engineering business unit is also located here. A **Siemens AG** high-voltage circuit-breaker in full-scale.*

SIEMENS SÜDGELÄNDE
SIEMENS SOUTHERN SITE

SIEMENS
SIEMENS

Gerätewerk

Im **Gerätewerk Erlangen** stellt Siemens Antriebe und Steuerungen für Werkzeug- und Produktionsmaschinen her. Das Werk setzt Maßstäbe bei Effizienz und Prozessoptimierung und wurde bereits mehrfach zur „Fabrik des Jahres" gewählt. Bei **Siemens Corporate Technology** werden supraleitende Komponenten und Anwendungen entwickelt. Die **technische und kaufmännische Ausbildung** von jungen Leuten wird bei Siemens groß geschrieben.

*Siemens produces power and control units for machine tools and industrial machines in its **Erlangen factory**. The factory sets benchmarks for efficiency and process optimisation and is often chosen to be the **"Factory of the Year"**. Siemens Corporate Technology develops superconducting components and applications. The Siemens AG places a lot of value on the **technical and commercial training** of young people.*

Corporate Technology

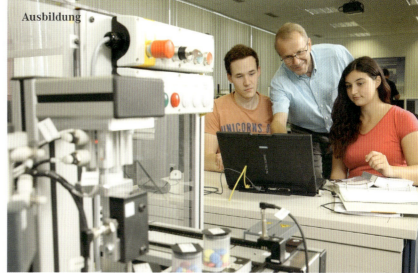

Ausbildung

Die **Intego GmbH** entwickelt und fertigt High-End-Prüfanlagen für die Fertigung. Die **Innovationszentrum für Telekommunikationstechnik GmbH (IZT)** ist in der Mess- und Informationstechnik aktiv. Die **INVENT Umwelt- und Verfahrenstechnik AG** ist auf Systeme und Verfahren für die Wasser- und Abwasserreinigung spezialisiert. Anlagen für die Beschichtungstechnik sind das Metier der ***FMP TECHNOLOGY GmbH***.

The **Intego GmbH** *develops and produces high-end test equipment for manufacturing. The* **Innovationszentrum für Telekommunikationstechnik GmbH (IZT)** *is active in measurement technology and information engineering. The* **INVENT Umwelt- und Verfahrenstechnik AG** *is specialised in systems and methods for water and sewage purification.* ***FMP TECHNOLOGY GmbH*** *crafts equipment for coating technology.*

IZT

INVENT

INVENT

Intego

WIRTSCHAFT | *ECONOMY* | 123

HOCHTECHNOLOGIE
HIGH TECHNOLOGY

LASER & AUTOMATION
LASER & AUTOMATION

Die **ERLAS Erlanger Lasertechnik GmbH** ist Spezialist für das Schneiden, Schweißen, Löten und Härten mit dem Laserstrahl. Das **Bayerische Laserzentrum (blz)** auf dem Röthelheim-Campus engagiert sich für den Transfer wissenschaftlicher Erkenntnisse in die betriebliche Praxis. Die **HEITEC AG** arbeitet mit 1 000 Mitarbeitern im In- und Ausland an den Produktionsverfahren der Zukunft (Industrie 4.0).

*The **ERLAS Erlanger Lasertechnik GmbH** is specialised in cutting, welding, brazing and hardening with laser beams. The **Bayerische Laserzentrum (blz)** located on the Röthelheim Campus is committed to the transfer of scientific insight to the commercial practice. The **HEITEC AG** has 1000 employees in Germany and overseas engaged in production methods for the future (Industry 4.0).*

HEITEC

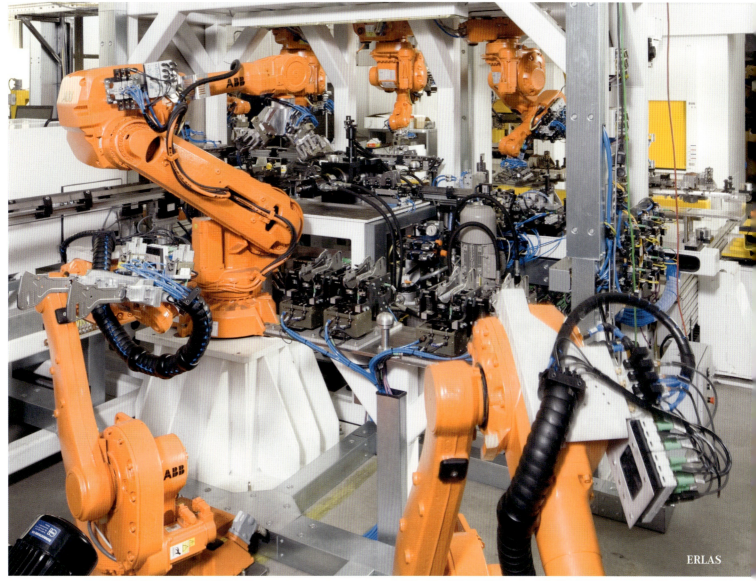

ERLAS

Die **Goldlücke GmbH** ist eines von fast 40 jungen Unternehmen im **IGZ**. Die Firma bietet Komplettsysteme für bildgebende Mess- und Analyseverfahren an. Die **EMPURON AG** ermöglicht mit ihren Software-Lösungen die effiziente Überwachung von dezentralen Energieanlagen. Die **Insevis Gesellschaft für industrielle Systemelektronik und Visualisierung mbH** ist mit speicherprogrammierbaren Steuerungen (SPS) erfolgreich.

The **Goldlücke GmbH** one of almost 40 start-up companies in the **IGZ**. The firm offers complete optical measurement and analysis systems. The **EMPURON AG** enables efficient surveillance of distributed energy systems with their software solutions. The **Insevis Gesellschaft für industrielle Systemelektronik und Visualisierung mbH** enjoys success with its range of programmable logic controllers.

EMPURON

INSEVIS

Goldlücke

WIRTSCHAFT | ECONOMY | 127

IGZ Innovations- und Gründerzentrum
IGZ Innovations- und Gründerzentrum

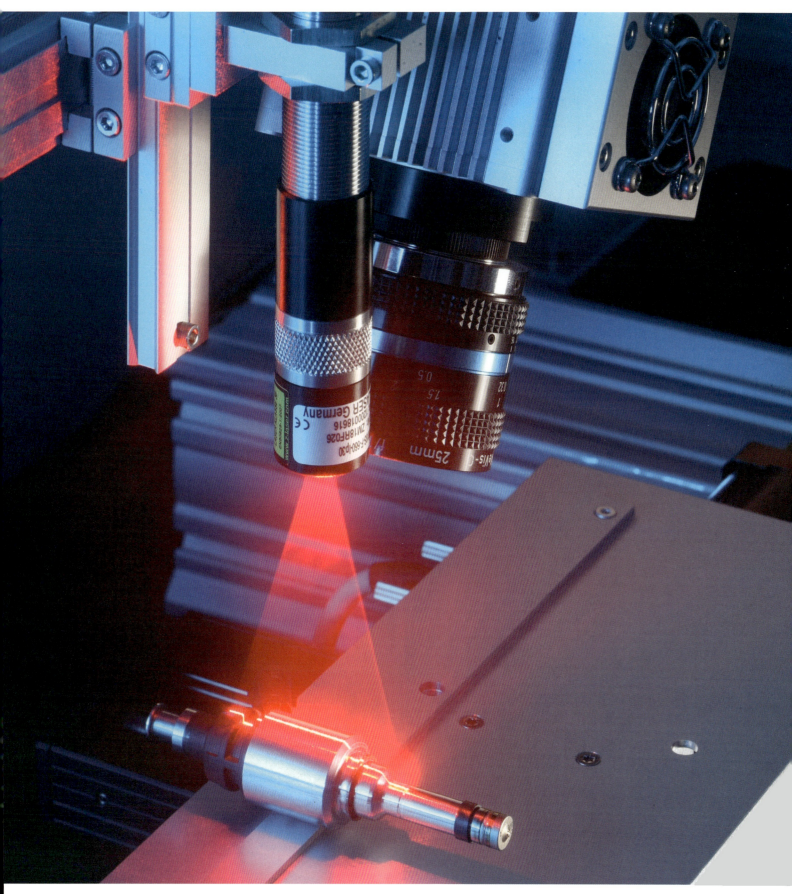

PRODUKTION & DIENSTLEISTUNGEN
PRODUCTION & SERVICES

Der Beck hat seinen Stammsitz in Erlangen und betreibt rund 140 Filialen in der Region. **Thomas Dotzauer** leitet seine Meisterwerkstatt für Mandolinen und Mandolen in fünfter Generation. Kommunikationsdienstleistungen für Unternehmen bietet die **davero gruppe** an. Energieeffiziente LED-Röhren stellt **Havells-Sylvania** im Werk Erlangen her.

*Der Beck has its headquarters in Erlangen and operates about 140 stores in the region. The master workshop for mandolins and mandolas is managed in the fifth generation by **Thomas Dotzauer**. The **davero gruppe** offers communications services for businesses. The **Havells-Sylvania** factory in Erlangen produces energy efficient LED tubes.*

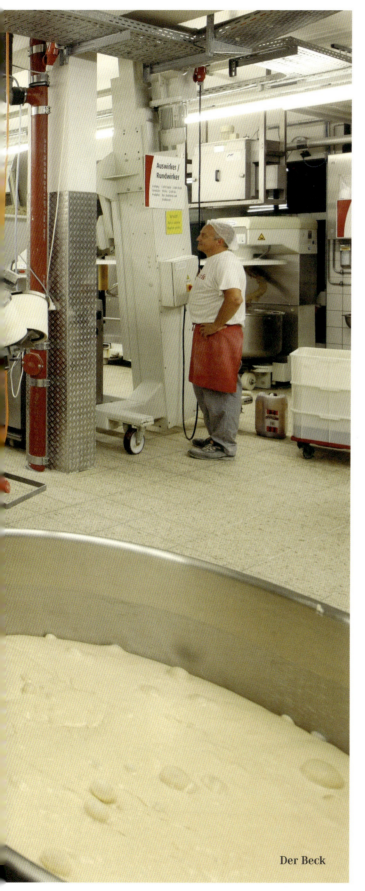

Der Beck

Thomas Dotzauer

davero gruppe

Havells-Sylvania

Erlangen ist mehr!

Die Europäische Metropolregion Nürnberg (EMN), in deren Mitte Erlangen liegt, ist erst einmal schwer zu fassen. Das Gebiet deckt sich mit keiner natürlichen Begrenzung: Von Coburg und Hof im Norden; Weißenburg und Treuchtlingen im Süden; Kitzingen und Rothenburg im Westen bis hin zu Selb und Weiden im Osten. Ganz Mittelfranken und Oberfranken, Teile Unterfrankens, etwa die Hälfte der Oberpfalz und der Landkreis Sonneberg in Thüringen gehören dazu.

Die politische Ordnung beruht ganz auf Freiwilligkeit. 2005 gegründet, seit 2014 als Verein organisiert, dem 23 Landkreise und elf kreisfreie Städte angehören. Die nackten Zahlen: 3,5 Millionen Einwohner leben auf 21 800 Quadratkilometern Fläche. Ein Bruttoinlandsprodukt von 115 Milliarden Euro (mehr Wirtschaftsleistung als Ungarn oder Shanghai), etwa 168 000 Unternehmen mit 1,9 Millionen Erwerbstätigen. Fleißig und erfolgreich sind die Leute hier, der Raum zählt zu den wirtschaftsstärksten in Deutschland, mit niedrigen Lebenshaltungskosten obendrein.

Das Zentrum der Metropolregion bildet das Städtedreieck Nürnberg, Fürth und Erlangen. Drumherum gibt es alles, außer Meer und Hochgebirge. Städte, kleine Städte, Dörfer, Weiler, industrielle Zentren, Seenlandschaften, Flüsse und künstliche Wasserstraßen, Mittelgebirge, Wälder, Ackerland und sogar ein einmaliges Gemüseanbaugebiet inmitten der Dreistädte-Welt: das Knoblauchsland. Daraus ist das vielteilige Puzzle zusammengesetzt, das für ein Gemeinschaftserlebnis steht, das man „Lebensqualität" nennt.

Erlangen is more!

The European Metropolitan Region of Nuremberg (EMN) with Erlangen located in the middle, is at first not easy to grasp. The region extends from Coburg and Hof in the north to Weißenburg and Treuchtlingen in the south, and from Kitzingen and Rothenburg in the west to Selb and Weiden in the east. The region includes all of middle and upper Franconia, part of lower Franconia, half of the Bavarian Upper Palatinate and the district of Sonneberg in Thuringia.

The political organisation of the region is based on a voluntary participation which was formed in 2005. In 2014 it was transformed into the legal entity of a club with 23 districts and 11 municipalities as members. The yearly budget of the EMN is approximately 1.5 million Euro. Some numbers: a population of 3.5 million living in an area of 21 800 square kilometres. The gross domestic product is 115 billion Euro (more than the economic performance of Hungary or Shanghai), with about 168 000 companies and a work force of 1.9 million. The cost of living is not high and the people are industrious and successful, which has caused the region to one of the strongest economies in Germany.

The triangle formed by the 3 municipalities Nuremberg, Fürth and Erlangen forms the centre of the Metropolitan Region. Outside of the centre, the region offers everything except ocean and mountains – large and small towns, villages, hamlets, industrial zones, lakes, rivers, canals, hill country, forests, farm land and, in the centre of the region, there is a large market gardening area known as "Knoblauchsland". The region may be viewed as a puzzle with many pieces which together form a community with a high quality of life.

METROPOLREGION NÜRNBERG
METROPOLREGION NUREMBERG

In den Städten ist die große Kultur zu Hause, die man gern als „weichen Standortfaktor" preist: Viele der Fotos auf den kommenden Seiten erzählen davon, mehr als es Worte vermögen. In Nürnberg bieten außerdem das Opernhaus, das Theater, dazu Veranstaltungs-Klassiker wie Klassik im Park immer wieder Lichtblicke. Fürth besitzt ein weltweit beachtetes Klezmer Festival. Ganz falsch wäre es, solche Schmankerl nur in den Großstädten zu suchen: der Kissinger Sommer gilt als eine der bedeutendsten Klassik-Reihen in Deutschland, unnötig, die Bayreuther Wagner-Festspiele zu erwähnen, Neumarkt in der Oberpfalz besitzt ein wundervolles Jazzweekend. Lebensqualität entsteht auch da, wo sich viele zusammentun, um religiösen oder historischen Traditionen ein Fest zu bereiten: die liebevoll geschmückten Osterbrunnen in der Fränkischen Schweiz, das Eselrennen in Hersbruck stehen für bürgerschaftliches Engagement, das vielen Freude bereitet. Erinnerungen an kriegerische Zeiten verarbeiten die Wallenstein-Festspiele in Altdorf.

Wer diese Region loben will, darf zwei Dinge nie vergessen, die sich sehr gut gemeinsam genießen lassen: die wunderschöne Landschaft und das gute Essen. Die Fränkischen Schweiz ist ein von Sportlern aus aller Welt geschätztes Kletter-Eldorado. Überall lässt sich wunderbar wandern, radeln, Kanu fahren. Dazu kommt die kulinarische Vielfalt: Franken ist nicht nur Heimat des berühmten erdig-herben Weines, sondern auch hunderter, teilweise winziger Brauereien. Auf Kirchweihen und Erntedankfesten erlebt man regionale Küche in urtümlicher Form. „Original regional" heißt eine Initiative der EMN, die 1 500 Erzeugern und Direktvermarktern ein Forum zum Verkauf ihrer Produkte bietet: So landet Frankens Bestes ohne Umweg auf den heimischen Esstischen. Die Metropolregion Nürnberg ist eine starke Heimatstifterin.
Peter Budig

In the larger municipalities higher culture has a home and is often lauded as a location factor. Many of the photos on the following pages say much more than words. Nuremberg has an opera house, theatres and highlights such as the annual "Classic in the Park" event. Fürth stages the internationally recognised annual "Klezmer Festival". Outside of the larger municipalities there are significant annual classic events such as the "Kissinger Sommer" in Bad Kissingen and of course the Wagner Festival in Bayreuth. A wonderful annual Jazz weekend is hosted by Neumarkt in der Oberpfalz. Quality of life includes the communal effort to organise and maintain religious or historical traditions: the lovingly decorated Easter wells in the Franconian Switzerland, the lighted procession in Pottenstein, donkey races in Hersbruck, all stand for citizens involvement which produces much pleasure and happiness. Other events such as the "Wallenstein Festival" in Altdorf commemorate times of war.

Whoever praises this region should not forget two things which fit very well together: the wonderful landscape and the good food. In the Franconian Switzerland there is an internationally respected rock climbing Eldorado and everywhere there are wonderful walking, bicycle and canoe tours. Then there is the culinary diversity: at church fêtes and harvest festivals the regional cuisine is offered in its original form. "Original regional" is an EMN initiative which offers a marketing and sales forum for 1 500 growers and direct marketers: the best Franconian food lands without a detour direct on the domestic dining tables. And not to forget, the Franconian wine (earthy and dry) and the hundreds of (some of them small) breweries. The Metropolitan Region Nuremberg is a potent regional benefactor.
Peter Budig

NÜRNBERG
NUREMBERG

Neues Museum

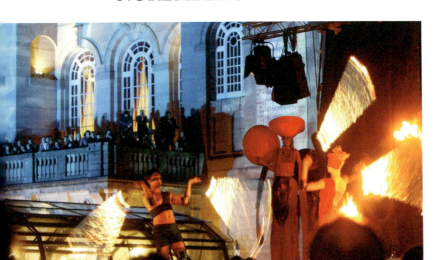

Bardentreffen

Kaiserburg

Die **Kaiserburg**, illuminiert in der **Blauen Nacht**, ist bis heute das Wahrzeichen von Nürnberg. Ein begehbarer Brunnen ist „nasse Kunst" vor dem **Neuen Museum Nürnberg**. Ungewöhnliche Stadtansichten in der Blauen Kunst- und Museumsnacht. Ein Glaskeil durchbricht das Mauerwerk der Nazis und wird zum **Dokuzentrum Reichsparteitagsgelände**. Anfang August findet das **Bardentreffen** statt, größtes Umsonst-und-Draußen-Festival Deutschlands.

*To this day a landmark of the city Nuremberg is the **Imperial Castle**; here with illumination for the **"Blue Night"** The pavement fountain at the **State Museum for Art and Design** can be used as a wet play area. Nazi masonry broken by a wedge made of glass: The **Documentation Centre** associated with the **Nazi Party's Rally ground**. The largest free-of-charge outdoor music festival in Germany – the **"Bard's Meeting"** – takes place at each August.*

Mit historischen Kutschenfahrten knüpfen die **Knoblauchsländer Gemüsezüchter** an alte bäuerliche Traditionen an. Höhepunkt des Jahres ist in Buch der Pferdetag. Die Przewalski Urpferde im **Tennenloher Forst** gelten als „Neandertaler des Tierreichs". Geschmacksache: Die Wildschweine in **Buckenhof** lieben Spaghetti ungekocht.

With historical coach journeys the *"Knoblauchsland"* market gardeners maintain an old farming tradition. The horse day in Buch is a yearly highlight. The Przewalski's horses in the **Tennenlohe Forest** are possibly "Neanderthal animals". A matter of taste: the wild pigs in **Buckenhof** just love uncooked spaghetti.

Buch

KNOBLAUCHSLAND
KNOBLAUCHSLAND

Neunhof

Tennenloher Forst

BAIERSDORF & MÖHRENDORF
BAIERSDORF & MÖHRENDORF

Baiersdorf

Baiersdorf

Marloffstein

Möhrendorf

Heute hübsch anzusehen, noch im 19. Jahrhundert ein Lebensspender: **Wasserschöpfräder** in Möhrendorf. **Fasalecken** heißt der Brauch, bei dem peitschenknallende Burschen Strohbären in **Baiersdorf** durch die Stadt treiben. Der Meerrettich aus Baiersdorf, auch Kren genannt, macht ganz Bayern scharf. Für Kirschblütenmeere muss niemand nach Japan fliegen – **Marloffstein** reicht auch.

Today an attractive view, in the 19th century a necessity: a **water scoop wheel** in Möhrendorf. Getting rid of the winter: the custom of **"Fasalecken"** where straw "bears" are whipped through the town of Baiersdorf. Many traditional Bavarian recipes use the horseradish from **Baiersdorf**. No need to fly to Japan to see masses of cherry blossom – a visit to **Marloffstein** is sufficient.

Georg, der Schutzpatron der Bauern, gibt dem **Georgi Ritt** in **Effeltrich** seinen Namen. Von den Bürgern selbst gestaltet: kirchliche Feste wie Fronleichnam oder die Karfreitags-Prozession in **Neunkirchen am Brand**.

*Saint George, the farmer's patron, is honoured by the "**Georgi Ritt**" in **Effeltrich**. Church ceremonies such as Corpus Christi or Good Friday processions here in **Neunkirchen am Brand**, are organised by the citizens.*

EFFELTRICH & NEUNKIRCHEN
EFFELTRICH & NEUNKIRCHEN

Neunkirchen

FÜRTH & HERZOGENAURACH
FÜRTH & HERZOGENAURACH

Cadolzburg

Herzogenaurach

Fürth

Das alte **Herzogenauracher Rathaus** ist Markenzeichen eines Wirtschaftszentrums mit drei Weltfirmen: adidas, Puma, Schaeffler. Teichwirtschaft – ein lukratives Geschäft in Franken, das vor allem die **Karpfen** hervorbringt. Der Vater des Wirtschaftswunders, **Ludwig Erhard**, ein gebürtiger Fürther – dahinter der Turm des Rathauses im venezianischen Stil. Aus dem 12. Jahrhundert stammt die **Cadolzburg** im Landkreis Fürth.

*The **historical town hall of Herzogenaurach** is the hallmark of an industrial area with three international companies: adidas, Puma and Schaeffler. A lucrative business in Franconia: fish farming specialised in **carp** breeding. Born in Fürth, the father of the "economic miracle": **Ludwig Erhard**. In the background the Venetian architecture of the town hall tower. The **Cadolzburg** located in the administrative region of Fürth was built in the 12th century.*

HERSBRUCK, LIMES & SEENLAND
HERSBRUCK, LIMES & LAKES

Pfünz

90 nach Christus wurde das römische Kastell in **Pfünz** bei Eichstätt erbaut – hier verlief der Limes, die römische Staatsgrenze. Herausforderung für Tier und Halter: Das Eselrennen in **Hersbruck** wird jährlich als Höhepunkt des Hersbrucker Altstadtfestes veranstaltet. Urlaubsziel und Naherholungs-Idylle: **Das fränkische Seenland**.

The Roman fort *"Pfünz"* was built near Eichstätt in 90 A.D. – this was part of the Roman state border ‚Limes Germanicus'. A challenge for animal and owner: the yearly **Hersbruck** historical town celebration has a donkey race as one of the highlights. A holiday and recreation idyll: the **Franconian lakes**.

WESTMITTELFRANKEN
WEST MIDDLE FRANCONIA

Ansbach

Rothenburg ob der Tauber

Dinkelsbühl

Bad Windsheim

Historienspektakel aus dem 30-jährigen Krieg: Tausende besuchen den **„Rothenburger Meistertrunk"**. Die Ansbacher Orangerie: Schauplatz der **höfischen Rokokospiele** und Regierungssitz des Bezirkes Mittelfranken. Die Kinderzeche, ein Festspiel in **Dinkelsbühl** mit viel Gesang, knüpft an eine uralte Sage an. Bäuerliches und Handwerkerleben aus früherer Zeit hautnah erfahren kann man im **Freilandmuseum** in **Bad Windsheim**.

*The annual historical festival play **"The Master Draught"** in Rothenburg ob der Tauber attracts thousands of visitors. A setting for **courtly rococo theatre** and the seat of government seat for the region middle Franconia: the Ansbach Orangerie. The annual festival "Kinderzeche" with much singing, in **Dinkelsbühl**, maintains links to a historical legend. The **open-air museum** in **Bad Windsheim** offers a hands-on view of historical farming and craftsman's life.*

532 Meter hoch ist der Ehrenbürg, den alle Franken nur „**das Walberla**" nennen. Das „**Walberlafest**" findet stets am ersten Wochenende im Mai statt. Die **Bischofsstadt Bamberg** besitzt eine der sehenswertesten Altstädte in ganz Franken und ist Weltkulturerbe. Die fränkische (Bier-)Kellertradition lebt weiter, ganz besonders auf dem **Forchheimer Annafest**.

The Ehrenbürg (532 meter) is known throughout Franconia as the **"Walberla"**. *An annual* **"Walberlafest"** *occurs during the first weekend of May. One of the most scenic historical municipalities in Franconia is the* **diocesan town of Bamberg** *is a world culture heritage. Franconia has a lively and spirited beer cellar tradition; for example the annual Saint* **Anna's festival in Forchheim**.

METROPOLREGION NÜRNBERG | *METROPOLITAN REGION OF NUREMBERG* | 147

OBERFRANKEN
UPPER FRANCONIA

Forchheim

FRÄNKISCHE SCHWEIZ
FRANCONIAN SWITZERLAND

Pottenstein

Rabenstein

Tüchersfeld

Neideck

Ein einmaliger Anblick, das Lichtermeer der brennenden Hügel von **Pottenstein**, eigentlich „Prozession zum Beschluss der Ewigen Anbetung", jedes Jahr im Januar. Auf dem Hochplateau über dem Ailsbachtal in der **Fränkischen Schweiz** liegt **Burg Rabenstein**. Vom Turm der **Burgruine Neideck** genießt man einen wunderbaren Rundblick. Winteridyll in **Tüchersfeld** – ein Wahrzeichen der Fränkischen Schweiz.

*An amazing view of the blazing sea of lights on the hills around **Pottenstein** produced by the annual church procession celebrating every year in january the resolution of eternal worship. The **Rabenstein castle** is located high on a plateau over the Ailsbach valley in the **Franconian Switzerland**. A wonderful panorama can be enjoyed from the tower of the **Neideck castle ruins**. A winter idyll and a hallmark of the Franconian Switzerland – **Tüchersfeld**.*

Ein wundervoller Platz für stilvolle Veranstaltungen, ein Ort zum Feiern: **Schloss Atzelsberg** bei Marloffstein, nur gut sechs Kilometer nördlich von Erlangen. Wie gemacht für eine Winterwanderung, die Gegend um **Marloffstein**.

*Only six kilometres north of Erlangen, a wonderful place for stylish events and parties: the **Atzelsberg manor house** near Marloffstein. The area around **Marloffstein** is perfect for a picturesque winter walk.*

ATZELSBERG
ATZELSBERG

Marloffstein

PARTNERSTÄDTE
PARTNER CITIES

Erlangen ist weltoffen!

Die zahlreichen Städtepartnerschaften gehören mit zu dieser Weltoffenheit. Entstanden sind sie aus den Netzwerken von engagierten Bürgern und Bürgerinnen, den wirtschaftlichen Verknüpfungen der in Erlangen ansässigen Unternehmen, den Kontakten der Universität oder aus dem Interesse, sich aktiv für Völkerverständigung und Aussöhnung nach zwei Weltkriegen einzusetzen. Letzteres gilt für die Partnerschaft mit Wladimir, etwa 170 km nordöstlich von Moskau gelegen. Seit 1983 gibt es einen regen Austausch, der Kontakte zwischen Kriegsveteranen ebenso einschließt wie den zwischen Schülern und Studierenden.

Mit Most in Tschechien entstand eine besondere Verbindung, weil viele Vertriebene aus dem früheren Brüx nach dem Zweiten Weltkrieg in Erlangen ein neues Zuhause fanden. Um Aussöhnung geht es auch bei der seit 2001 bestehenden Partnerschaft mit dem nord-italienischen Cumiana, um Hilfe nach zwei Erdbeben bei der Verbindung mit Venzone. Die Beziehung mit dem französischen Rennes entstand nach Unterzeichnung des deutsch-französischen Freundschaftsvertrages 1963. Erlangen wollte diesen mit Leben füllen. Die Hauptstadt der Bretagne war dafür der ideale Partner, denn sie hat zwei Universitäten.

Im Zeichen der deutsch-deutschen Annäherung stand anfangs die Verbindung mit der Universitätsstadt Jena, die 1987 offiziell besiegelt wurde. Eine lebendige und die älteste Städtepartnerschaft pflegt Erlangen seit 1961 mit der schwedischen Universitätsstadt Eskilstuna. Die jüngste Partnerschaft wurde 2011 mit dem kalifornischen Hochschulstandort Riverside vereinbart. Dabei stehen vor allem die gemeinsamen Interessen in Wissenschaft, Bildung und Wirtschaft im Mittelpunkt. Das gilt auch für die seit 2003 bestehende Verbindung mit Besiktas, einem Stadtteil Istanbuls auf der westlichen Seite des Bosporus.

Auch Stoke-on-Trent in den englischen Midlands ist Uni-Standort. Für die Medienwelt sind jedoch zwei Söhne der ehemaligen Töpferstadt interessanter: Edward John Smith, der Kapitän der Titanic, und Robbie Williams, Musiker und Popstar. Sowohl mit San Carlos in Nicaragua (seit 1990) als auch mit Shenzhen im Südosten Chinas (seit 1997) ist Erlangen über die Partnerschaft der Metropolregion Nürnberg verbunden. Während es in der einen um die Solidarität mit einem malträtierten Land geht, bestimmt in der anderen der Blick auf die wirtschaftlichen Potenziale die Beziehung.
Claudia Specht

Erlangen is cosmopolitan!

The many city partnerships are part of this Cosmopolitanism. They have been formed from the private networks of committed citizens, the business connections of the local companies, the University's academic contacts and simply out of the active interest resulting from two world wars, to work for international understanding and Reconciliation. As an example of the latter form, the partnership with Wladmir, roughly 170 km north-east from Moscow. Since 1983 there is an active exchange with contact between war veterans, school pupils and university students.

There is a special contact with Most (previously Brüx) in the Czech Republic because following the 2nd world war many displaced people found a new home in Erlangen. Reconciliation is a part of the partnership since 2001 with Cumiana in northern Italy and the contact with Venzone resulting from the help given following two earthquakes. The relationship with Rennes resulted from the signing of the German-French friendship contract in 1963. Erlangen wanted to give some meaning to this document.

The capital of Brittany was an ideal partner because of its two universities. After a long preparation phase and as an initial sign of the German convergence, the association with the university and high-tech city Jena was officially signed in 1987. Erlangen has cultivated the oldest and very lively city partnership with the Swedish university city of Eskilstuna since 1961. The youngest partnership was agreed in 2011 with the Californian university city of Riverside. The central theme of these partnerships is the common interest in the sciences, education and economy. This also applies to the connection established in 2003 with Istanbul's urban district of Besiktas on the western side of the Bosporus. The commercial capital has not only a successful football club, it also the leading university municipality in Turkey.

Stoke-on-Trent in England's Midlands is also a university city. From the viewpoint of the media two sons of the pottery town are more interesting: Edward John Smith, the captain of the Titanic and Robbie Williams, musician and pop-star. Via Franconian regional partnerships, Erlangen is connected since 1990 with San Carlos in Nicaragua and since 1997 with Shenzhen in south-east China. While one partnership is concerned with solidarity with a maltreated country, the other is more concerned with view to the business potential of the relationship.
Claudia Specht

Würdigung der Partnerstädte vor dem
Erlanger Rathaus.

*Recognition of the partner cities in front of the
Erlangen city hall.*

Die **Erlanger Hütte** liegt auf 2550 m Höhe unterhalb des **Wildgrats** und des **Wettersees**. Der Blick von dort auf die Stubaier und Ötztaler Gipfel sowie die familiäre Atmosphäre in der Berghütte entschädigen Wanderer für den Aufstieg. 1930/31 wurde die Hütte von der Erlanger Sektion des Deutschen Alpenvereins gebaut, 2006 die Gemeindepartnerschaft mit dem Talort **Umhausen** besiegelt.

The **Erlanger Hut** is located at an altitude of 2 550 metres below the **Wildgrat** and near the **Wettersee**. The view of the Stubai and Ötztal peaks and the family atmosphere of the mountain hut compensates the mountaineer for the ascent. The hut was built in 1930/31 by the Erlangen section of the German Alpine Club, and in 2006 a community partnership with the valley community of **Umhausen** was signed.

Wildgrat

PARTNERSTÄDTE | *PARTNER CITIES* | 155

ERLANGER HÜTTE
ERLANGER HUT

156 | PARTNERSTÄDTE | *PARTNER CITIES*

WLADIMIR, SHENZHEN & UMHAUSEN
WLADIMIR, SHENZHEN & UMHAUSEN

Shenzhen

Besonders inspirierend ist der kulturelle Austausch mit den Partnerstädten. Sie bescheren den Beteiligten neue Eindrücke oder sogar Glücksgefühle, beispielsweise wenn der Knabenchor **Wladimir** das Erlanger Publikum mit russischer Chormusik begeistert oder eine Folklore-Gruppe aus der chinesischen Sonderwirtschaftszone **Shenzhen** fremde Klangwelten nach Franken trägt. Etwas vertrauter klingen da die Töne aus dem Tiroler **Umhausen**.

*The cultural exchange with the partner cities is particularly inspiring. It brings the involved citizens new impressions or even happiness, for example when the **Vladimir** boys choir thrills the Erlangen audience with Russian choral music, or a folklore group from the chinese special economic area of **Shenzhen** brings a foreign sound-scape to Franconia. The tones from **Umhausen** in the Tirol are more familiar.*

DIE MACHER

Peter Budig – *Metropolregion*
1960 in Schweinfurt geboren, Abitur 1981 in Ingolstadt. Studium der Ev. Theologie, Politikwissenschaften, Deutsch und Geschichte in Erlangen und München. Lebt in Fürth. Selbständig mit der „Zeitungswerkstatt" (u.a. Stadionzeitungen für 1. FC Nürnberg). Über zehn Jahre Redaktionsleiter des primaSonntag in Nürnberg. Redakteur bei der Abendzeitung Nürnberg. Seit 2014 wieder selbstständig: Journalismus und Kommunikation mit Schwerpunkt Unternehmer-Biographien und Firmengeschichten im Auftrag.

Rüdiger Baumann – *Kerwa & Bier*
1968 in Erlangen geboren und in Baiersdorf aufgewachsen. Studium zum Dipl.-Sozialwirt an der WiSo in Nürnberg. Er arbeitet seit 1991 als Journalist, seit 1994 als Fernsehjournalist. Für den Bayerischen Rundfunk hat er zahlreiche Filme über Erlangen und die Bergkirchweih gemacht, unter anderem den Jubiläumsfilm „Der Berg ruft – ein Streifzug über die Erlanger Bergkirchweih".

Claudia Specht – *Partnerstädte*
Jahrgang 1964, im Rheinland aufgewachsen, engagiert sie sich seit 2002 beruflich und ehrenamtlich in der Metropolregion. Ausbildung zur Verlagskauffrau in Düsseldorf, Studium der Volkswirtschaftslehre, Politikwissenschaft und Medienkommunikation in Trier und London. Volontariat bei der Süddeutschen Zeitung, als Wirtschaftsjournalistin in München, Trier und Berlin tätig. Dann Wechsel in die Presse- und Öffentlichkeitsarbeit der DATEV.

Frank-Daniel Beilker – *Buchdesign*
1965 in Münster geboren. Ausbildung zum Buchbinder, Studium an der FH Münster und FH Düsseldorf mit dem Abschluss zum Dipl.-Designer für Kommunikation. Art Director bei Publicis in Erlangen, Creative Director und geschäftsführender Gesellschafter der FALK Werbeagentur GmbH in Nürnberg. Seit 2005 freiberuflich als Berater und Konzeptioner für mittelständische Unternehmen im Bereich Markenkommunikation und Corporate Design tätig.

Kurt Fuchs – *Herausgeber & Fotograf*
Geboren 1960 in Erlangen, absolvierte ein Studium der Feinwerktechnik an der TH Nürnberg sowie Fachkommunikation Technik an der Hochschule Ansbach. Er arbeitet seit 1984 als freiberuflicher Fotodesigner in den Bereichen Wissenschaft, Wirtschaft, Industrie, konzeptionelle Fotografie sowie Video. Er ist bildjournalistisch tätig für regionale, bundesweit und weltweit erscheinende Zeitungen und Magazine, stellt seine Arbeiten im In- und Ausland aus und wurde mit zahlreichen Preisen ausgezeichnet.

Michael Busch – *Die Stadt*
Michael Busch wurde im März 1971 in Friedberg/Hessen geboren. 1994 zog er nach Erlangen, um dort im Hauptfach Theater- und Medienwissenschaften zu studieren. Nach einem Volontariat beim Franken Fernsehen und mehreren Jahren der Freiberuflichkeit ist er seit 2006 bei der Tageszeitung Fränkischer Tag festangestellt. Seit 2013 ist Michael Busch Vorsitzender des Bayerischen Journalistenverbandes. In der Freizeit beschäftigen den verheirateten Familienvater vor allem seine Tochter und sein Sohn.

Michael Reiner – *Kultur & Sport und Interviews*
Jahrgang 1963, ist in Nürnberg geboren und im Hersbrucker Umland aufgewachsen. Bei der Hersbrucker Zeitung hat er das journalistische Handwerk gelernt. Nach dem Journalistik-Studium und einem kurzen beruflichen Abstecher nach Niederbayern war er seit 1993 als Rathaus-Reporter der Nürnberger Abendzeitung in der gesamten Region unterwegs. Seit dieser Zeit wohnt er mit seiner Familie im Erlanger Vorort Tennenlohe. Inzwischen arbeitet er hauptsächlich für das Studio Franken des Bayerischen Rundfunks.

Don Curtis – *Übersetzung*
1949 in Neuseeland geboren. Studium zum Ingenieur an der Universität Auckland. Mehrjährige Erfahrung als Mitglied Multinationaler Systementwicklungsmannschaften. Leidenschaftlicher „Beute-Franke".

Dr. Lothar Hoja – *Universität & Forschung und Medizin*
Geboren 1956 in Nürnberg, hat in Erlangen Biologie mit dem Hauptfach Neurophysiologie studiert und nach der Promotion ein Volontariat bei der Nürnberger Zeitung absolviert. Seit 1988 ist er der für die Hochschulen der Region zuständige Redakteur der Nürnberger Nachrichten.

Hartmut Beck – *Wirtschaft*
Jahrgang 1964, Ausbildung zum Industriekaufmann, Studium der Journalistik, Hispanistik und Politikwissenschaft in Eichstätt und Santiago de Compostela, stellvertretender Leiter des Geschäftsbereichs Kommunikation der IHK Nürnberg für Mittelfranken.

Making-of:
Redaktionssitzung (r.o.)
Fotoshooting bei HEITEC (l.u.)
Reinraum der Universität (r.u.)